Fränzi Kühne

WAS MÄNNER NIE GEFRAGT WERDEN

Ich frage trotzdem mal.

FISCHER

Ein Wort vorab. Noch vor allen anderen. Dieses Buch verwendet Gendersternchen als eine Form inklusiverer Sprache. Das ist der Autorin wichtig. Nicht so wichtig ist es ihr, das an dieser Stelle zu begründen oder zu rechtfertigen. Die Diskussion wird schon so lange und auf so vielen Kanälen geführt, da dürfte jede*r Leser*in eine eigene kleine Meinungsfestung gebaut und gut abgesichert haben. Ein kleiner Hinweis in einem Buch über Frauen- und Männerfragen rüttelt daran wenig. Vielleicht nur so viel: Der Genderstern ist nicht nur ein Symbol für Gleichberechtigung. Er ist fast noch mehr ein Symbol für die Bereitschaft, Traditionen zu hinterfragen. Dafür, Dinge nicht nur deshalb so zu machen, weil sie schon immer so gemacht wurden. Und dafür, Ideen wie »Frauen sind halt mitgemeint« nicht einfach als gegeben hinzunehmen. Die Autorin ist der Meinung, dass das ganz gut zu ihrem Buch passt.

5. Auflage: Juli 2021

Erschienen bei FISCHER Taschenbuch
Frankfurt am Main, Juni 2021

© 2021 S. Fischer Verlag GmbH,
Hedderichstr. 114, D-60596 Frankfurt am Main

Redaktionelle Mitarbeit: Sebastian Cleemann
Lektorat: Hanne Reinhardt
Satz: Dörlemann Satz, Lemförde
Druck und Bindung: CPI books GmbH, Leck
Printed in Germany
ISBN 978-3-596-70582-5

Für meine Töchter,
für ihre Freund*innen
und für die Zukunft drum herum.

INHALT

DAS WARTEN AUF DAS
»JETZT GEHT'S LOS«

»Die Fragen sind nie das Problem.
Das Problem sind immer die Antworten.«

Dr. Helmut Thoma im Telefoninterview, 19. August 2019

Grundsätzlich mag ich Interviews. Grundsätzlich schätze ich es, Leute zu treffen, die ich noch nicht kenne, und mich mit ihnen zu unterhalten. In einem Café, auf einer Bank im Park, in einem halbwegs lebensfrohen Büro, in einem Studio oder auf einer Bühne sitzen und über Dinge sprechen zu dürfen, die mir und im Idealfall allen Anwesenden wichtig sind: mir eine Ehre und ein Vergnügen. Vielen Dank für das Interesse, hat mich wirklich sehr gefreut.

Aufregung ist für mich dabei immer im Spiel, weil es eben meist auch eine künstliche Situation, ein künstliches Gespräch ist. Es fühlt sich immer auch etwas seltsam an. So hat ein Interview in der Regel einen konkreten Anlass, verfolgt mindestens ein Ziel, hat ein ungefähres Drehbuch. Da fällt es mir nicht immer leicht, die Balance zwischen dem kontrollierten Austausch und der entspannten Konversation zu halten. Zumal auch jederzeit irgendetwas irgendwie danebengehen kann – die Chemie stimmt nicht, das Café ist laut und ungemütlich, jemand hatte einen schlechten Tag, ein dahingesagter Gedanke bekommt plötzlich viel zu viel Bedeutung. Und selbst dann, wenn alles gut läuft, kann am Ende immer noch ein Text entstehen, von dem man hofft, dass er sich möglichst schnell versendet.

Schönerweise verfliegt die Aufregung dann doch meist, und schönerweise habe ich selten schlechte Erfahrungen gemacht. Dabei habe ich seit 2017 wirklich ziemlich viele Interviews gegeben und Gespräche geführt. Ich nehme Einladungen eigentlich immer gern an, weil ich das Gefühl habe, etwas zu erzählen zu haben, und die Gelegenheit nutzen will, solange sie sich bietet.

Ich stelle mich einmal kurz vor. Mein Name ist Fränzi Kühne, mich gibt es seit 1983, ich habe Jura studiert, habe dieses Studium dann jedoch abgebrochen und bin Mitgründerin der ersten Social-Media-Agentur Deutschlands geworden. Mit dieser Agentur habe ich bis zu meinem Ausstieg 2020 mitgeprägt, wie Digitalisierung, Social Media, neue Geschäftsmodelle und Organisationsformen in Deutschland diskutiert und gestaltet werden. Ich bin Mitglied des Stiftungsrats der AllBright-Stiftung und Mutter zweier Mädchen, geboren 2016 und 2020, die mit mir und ihrem Vater in Berlin-Biesdorf leben. Anders als gelegentlich vermutet wird, hat mein Nachname nichts mit dem Logistikunternehmen Kühne+Nagel zu tun. Meine Eltern waren vielmehr zu DDR-Zeiten Werbeleiter, Typographin und Künstlerpaar, haben nach der Wende eine kleine Werbeagentur gegründet, sind zur Hälfte in Rente und zur anderen Hälfte leider 2009 verstorben. Ich mag die Ostsee und Kniffeln, und vor dem Frühling 2017 wurde ich nur selten um Interviews gebeten. Dabei hatte ich bis dahin nicht nur eine sehr solide Gründerinnenkarriere hingelegt, eine spannende Agentur mit Standorten in Berlin und New York mit aufgebaut und mit ihr den einen oder anderen Preis gewonnen – ich konnte auch exzellent kniffeln!

Seit der Gründung von TLGG im Jahr 2008 hatten wir – Christoph Bornschein, Boontham Temaismithi, ich und ein hervorragendes Team – uns den Status junger und kluger Vorreiter*innen erarbeitet, die die Sache mit der Digitalisierung einigermaßen verstehen und sie nicht nur ihren Eltern, sondern durchaus auch dem einen oder anderen DAX-Unternehmen erklären können. Wenngleich ich als einzelne Person noch nicht besonders sichtbar war, so war es die Agentur durchaus. Das wiederum war der freenet AG aufgefallen, die für eine Neubesetzung in ihrem Aufsichtsrat eine junge Kandidatin suchte und bei uns fündig wurde. Ich versuche jetzt mal nicht, den ganzen Prozess der Aufsichtsratsneubesetzung detailliert wiederzugeben oder ihn extrem spannend zu machen; zum einen komme ich sicher noch einmal darauf zurück, zum anderen steht das Ergebnis ja schon im Klappentext: Am Ende eines für mich aufregenden Auswahl- und Bewerbungsprozesses hielt ich vor 600 Leuten meine erste Rede auf einer Bühne und wurde Deutschlands jüngste Aufsichtsrätin eines börsennotierten Unternehmens.

Und nicht nur das: Ich wurde ein Medienthema. Am Abend vor der entscheidenden freenet-Hauptversammlung in Hamburg lud mich zum Beispiel Johanna Schoener von der ZEIT zu einem Gespräch ein – darüber, wo ich herkomme, wie ich in diese Position gekommen war, was ich mitbringe und was ich anders mache. Ich war in diesen Tagen in einer seltsamen Blase erschöpfter Aufregung unterwegs. Die Fahrt nach Hamburg hatte mich da auch nicht gerade entspannter gemacht: verspäteter Zug, gesperrte Strecke, Streit um Taxis, viele gestresste Menschen. Doch hier, in einem Café im Herzen der besten Hansestadt der Welt, fanden Johanna und ich sofort in ein gutes Gespräch. Wir sprachen über Klischees, über die Wirtschaft, über Digitalisierung, und natürlich kam auch die Frage auf, ob bei meiner Berufung die Frauenquote eine Rolle gespielt habe. Na, selbstverständlich hat sie das. Und das ist bei aller möglichen Kritik an Quotensystemen auch gut so. Eine Frauenquote zwingt Unternehmensentscheider, über ihre gewohnten Thomas-Michael-Andreas-Geschäftspartnerkreise hinauszuschauen und anderswo die gesuchte Expertise zu finden. Aber freenet suchte ja nicht einfach nur eine Frau, sondern eine Frau mit Digitalkompetenz. Den Eindruck, dass ich die in den Aufsichtsrat mitbringen könnte, teilten am darauffolgenden Tag 99 % der anwesenden freenet-Aktionär*innen. Mein Gespräch mit Johanna erschien eine knappe Woche später in der ZEIT unter dem Titel »Warum sollte ich mich verkleiden?«. Die erste Frage: »Verraten Sie uns, was Sie in Ihrem Koffer haben? Was werden Sie morgen anziehen?«[1]

Rückblickend war dieses ZEIT-Interview in all seiner Freundlichkeit und Entspanntheit der Auftakt zu einem Reigen der Monothematik. Es ist wirklich keine Übertreibung: In kaum einem Gespräch geht es nicht irgendwann um meine Rolle als Frau, in kaum einem Gespräch nicht irgendwann darum, inwiefern ich anders bin und aus der einen oder anderen Rolle falle. Es geht um meine Klamotten, es geht um mein Aussehen, es geht um meine Familienpflichten und darum, ob ich als Frau Vorbild für andere Frauen sein kann oder einen besonderen Druck in dieser Männerwelt verspüre. Was machen Frauen anders als Männer, was müssen Frauen anders machen, stehen sich Frauen selbst im Weg? Ich fand das lange gar nicht so wild, denn grundsätzlich rede ich auch gern über das Potenzial von und neue Karrierewege für Frauen. Und wenn es hilft, zu thematisieren, dass man sich nicht verkleiden muss, um erfolgreich zu sein, dann lasst uns eben über meine Schuhe reden: schwarze Chucks, meistens.

Hätte ich aber von Anfang an gewusst, wie oft es noch um meine Schuhe gehen sollte, ich hätte vielleicht in meinem ersten großen Interview nicht so bereitwillig über meine Modeentscheidungen gesprochen. Es gibt wahrscheinlich in jeder Kindheit eine Variation des Augenblicks, in dem die Verwandtschaft mitbekommt, dass man eine bestimmte Süßigkeit gerne mag, und einem von da an nur noch diese eine Süßigkeit schenkt, bis sie – die Süßigkeit, nicht die Verwandtschaft – einem zu den Ohren rauskommt. Nun, nach dem ersten Interview schien den Journalist*innen klar zu sein: Fränzi redet supergern über Schuhe und Frisuren. Und es kam mir doch langsam zu den Ohren raus.

Am Ende war es Martina Merz, heute Vorstandsvorsitzende bei ThyssenKrupp, die mir 2018 den entscheidenden Wink gab: »Es geht fast nur um deine Klamotten, um dein Aussehen, um deine Familienpflichten. Es geht nie um Digitalisierung, das Thema der Stunde, für das du stehst.« Schon damit hatte sie recht, aber dann kam es: »Einen männlichen Aufsichtsrat würde man all das überhaupt nicht fragen.«

Um ehrlich zu sein, war ich mir in diesem Moment gar nicht sicher, ob man als Journalist*in einen männlichen Aufsichtsrat zu seiner Berufung überhaupt irgendetwas fragen würde.

Mit mir sprach man ja vor allem, weil ich eben anders war. Ich war in diesem Aufsichtsratsuniversum ein Sonderfall, für den es noch keine Interviewstandards gab. So stellte man mir Fragen, die man jungen Frauen halt so stellt, und beschrieb mich, wie man junge Frauen wohl beschreibt: »Fränzi Kühne trägt zerrissene Jeans, Converse-Schuhe, Reißverschluss im Ohrloch und einen blonden Sidecut«[2] bzw. »Sidecut, Piercings und Chucks«[3] bzw. »Jeans und Sneakers«[4] bzw. »Chucks und Jeans«[5], sieht also auf jeden Fall »nicht wie die typische Aufsichtsrätin aus«.[6]

Das ist ein paar Interviews lang total okay, und ich habe mit vielen wirklich tollen Leuten viele wirklich nette Gespräche für viele grundsätzlich gute Medien und Formate geführt. Zum Problem wird diese Perspektive aber, wenn sie zum kaum hinterfragten Interviewstandard für »Gespräch mit okay erfolgreicher Frau in leitender Position« wird. Zum Ärgernis wird sie dann, wenn man immer wieder und wieder feststellt, dass erfolgreichen Männern diese Fragen sehr selten gestellt werden. Was wird der Fraktionsführer der Linken morgen anziehen? Hat man den Siemens-CEO schon mal wegen seiner optischen Attribute befördert? Und natürlich ganz wichtig: Wie lässt sich die Arbeit des erfolgreichen Start-up-Gründers mit seiner Rolle als Vater vereinbaren? Finanztipps und Marktbetrachtungen schön und gut, aber wie regeln Sie denn das mit der Kinderbetreuung, Herr Superinvestor?

Ah, da erhebt jemand Einspruch: »Diese Interviews und Interviewfragen gibt es sehr wohl auch bei Männern!« Stattgegeben! Tatsächlich gibt es sie: Wie wild wirft sich der zweifache Vater Matthias Schweighöfer ins Spielplatzgetümmel? Welchen edlen Zwirn trägt Hugh Jackman beim Luxusstelldichein auf der Luxusuhrenmesse? Wer macht den Einkauf bei Steinmeiers? Stimmt total, aber haben Sie den entscheidenden Unterschied bemerkt? Es fällt vielleicht nicht sofort auf, aber im Grunde ist es ganz einfach: Die Rolle eines Mannes als Vater, Anzugträger oder Ehemann rückt dann in den Fokus, wenn es darum geht, ihn als Vater, Anzugträger oder Ehemann zu porträtieren. Bei einer Frau dagegen sind Klamotten, Aussehen und Familienpflichten immer ganz automatisch und ohne jede Überleitung Thema.

Beispiele? Sehr gern. Im Oktober 2019 wurde Saskia Esken zur SPD-Vorsitzenden gewählt. Ich musste kein Modemagazin lesen, um zu wissen, dass sie an diesem Tag »ein schwarzes Kleid mit weißem Gittermuster« trug. Ich musste in kein Elternmagazin schauen, um zu wissen, dass Ursula von der Leyen eine Haushaltshilfe und »eine pädagogisch fitte Tagesmutter« hat und dass sich zu Manuela Schwesigs Zeit als Familienministerin ihr Ehemann in Schwerin um die Kinder kümmerte. Und auch ohne den Blick in Nischenmedien und Fetischforen kenne ich publizierte Meinungen zu Annegret Kramp-Karrenbauers Beinen oder zu den Hosenanzügen von Angela Merkel. Erfolgreiche Männer, über die ich ähnlich informiert bin, gibt es dagegen eher wenige. Und das ist okay, denn es interessiert mich bei ihnen ebenso wenig. Viel lieber würde ich von all diesen erfolgreichen, bekannten, mitunter sogar mächtigen Menschen aller Geschlechter Wissenswertes über das Leben, die Gesellschaft und die Zukunft hören. Wie sehen sie die Welt? Was tun sie, um sie zu verändern? Wie finden wir Antworten auf die drängenden Fragen unserer Zeit? Ein immer wieder einer Frau gestelltes »Wie viel Zeit haben Sie noch für Ihre Kinder?« dagegen ist eine Frage, die zeigt, dass wir längst noch nicht neu denken. Sie zeigt, dass wir noch viel zu tief in unserem Klischee- und Rollendenken stecken, um neue Perspektiven zu entwickeln.

Wir leben in einer Zeit, in der die immer höher werdende Geschwindigkeit grundsätzliche Probleme sichtbar werden lässt. Digitaler Veränderungsdruck, politische Verwerfungen, wirtschaftliche Veränderungen, Klimawandel und Migrationsbewegungen, Ungleichbehandlung und der wachsende Widerstand gegen die Emanzipations- und Antidiskriminierungsbemühungen der letzten Dekaden – jeder Faktor für sich und alle zusammen machen eines sehr deutlich: Wir können nicht einfach so weitermachen wie bisher. Die Corona-Krise hat einige Entwicklungen positiv beschleunigt, aber gleichzeitig auch viele Probleme verschärft und manche eben noch fruchtbare Diskussion wieder erstickt. Dabei bleibt klar und wichtig, dass wir als Gesellschaft, Wirtschaftsraum, Weltgemeinschaft neue Lösungen brauchen. Für diese neuen Lösungen brauchen wir neue Denkweisen und neue Köpfe. Wir brauchen Diversität an allen wichtigen Punkten unserer Gesellschaft. Diversität braucht Gleichbehandlung, und das schließt die Gleichbehandlung der Geschlechter unbedingt mit ein.

Schon die letzten zehn Jahre haben von uns als Gesellschaft viel an Positionierung, Einfallsreichtum und Veränderungswillen verlangt – ein Verlangen, das wir größtenteils zurückgewiesen haben. Aber die kommenden zehn Jahre werden nicht weniger fordernd. Irgendwann sollten wir tatsächlich mal loslegen mit all den wichtigen Veränderungen. Aus meinem, ich erwähnte es kurz, abgebrochenen Jurastudium habe ich unter anderem das Bild des »Jetzt geht's los«

behalten. »Jetzt geht's los« ist der Gedanke oder Ausspruch, der den Moment markiert, in dem eine mögliche Tat strafrechtlich relevant wird. Wer diese Schwelle überschreitet, plant nicht mehr nur, denkt nicht mehr bloß drüber nach, bereitet nicht mehr vor. Oder fachlicher: Nach § 22 StGB versucht eine Straftat, »wer nach seiner Vorstellung von der Tat zur Verwirklichung unmittelbar ansetzt«. »Jetzt geht's los« ist der Beginn des relevanten Handelns. Aber hier bei uns geht noch nichts los, hier bleibt jeder Stein auf dem anderen, hier fliegen keine Löcher aus dem Käse, denn wir müssen gerade noch eine Frau fragen, ob sie nur wegen ihres Aussehens Vorstandsvorsitzende geworden ist.

Um es auf einen Punkt zu bringen: Ich möchte dem eingangs zitierten Dr. Helmut Thoma dann doch widersprechen. Die Fragen sind vielleicht nicht das Problem, aber sie sind das Symptom eines Problems. Und um zu zeigen, dass und warum sie problematisch sind, war mir Martina Merz' Verärgerung Inspiration: Einen männlichen Aufsichtsrat würde man all das überhaupt nicht fragen? Oh doch, genau das mache ich.

Wie es wurde, was es ist

Aus vielen Artikeln, Porträts, Interviews und Anfragen erstellte ich einen typischen Frauenfragebogen. Ich ging noch einmal meine Interviews der letzten Jahre durch und sammelte all die Fragen, die mir
a) besonders frauenfragentypisch erschienen,
b) besonders ärgerlich waren oder
c) beide Kriterien erfüllten.

Ich wählte die Fragen aus, die mich direkt als Frau ansprachen, und die, bei denen ich mir nicht vorstellen konnte, dass man sie Männern ebenso nonchalant stellen würde. Ich wählte einige Fragen, die immer wieder gestellt wurden, und auch einige, die nur ein oder zwei Mal vorkamen oder zwar gefragt, aber nie gedruckt wurden, die ich aber für bezeichnend hielt.

Ich schrieb rund 50 erfolgreiche Männer aus verschiedenen Bereichen des Lebens an. Ich beschrieb das Projekt und meine Motivation und bat um einen Interviewtermin. Einige kannte ich schon, zu anderen gab mir jemand einen Kontakt, bei einigen versuchte ich mein Glück einfach über die E-Mail-Adresse auf der Internetseite. Fast alle antworteten, die meisten sagten ab: keine Lust, keine Zeit, verstehe das Konzept nicht, ist mir zu privat. Manche hatten großes Interesse, brachen dann aber den Kontakt ab. Einige wenige hatten großes Interesse, wollten dann aber nur über die Corona-Lüge und Bill Gates sprechen. Doch immerhin 22 Männer sagten zu – für eine echte repräsentative Statistik ist das vielleicht zu wenig, für einen erkenntnisreichen Einblick und ein paar begründete Annahmen sollte es mir jedoch ausreichen. 22 gute Interviews später habe ich viel gelacht, einiges gelernt und ein paar Muster erkannt. Ich habe mit überwiegend freundlichen und entgegenkommenden Männern gesprochen, die sich auf das Experiment eingelassen und die Fragen sehr offen und ernsthaft beantwortet haben.

Die Absurdität, die ich als interviewte Frau oft fühle, findet sich in all diesen Gesprächen nur selten. Überhaupt verliefen die Interviews oft anders und damit sehr viel besser als erwartet. Wo ich lustige Antworten erwartete, bekam ich ehrliche. Wo ich erwartete, dass jemand eine Frage als völlig unpassend zurückwies, nahmen die meisten jede Frage einfach als Frage an und antworteten, manchmal milde irritiert, meistens einfach routiniert. Die 22 Gespräche hatten durchaus ihren Witz, waren aber eher aufrichtig und vertrauensvoll als lustig – abgesehen vielleicht von der immer wieder schön platten Frage nach der Bedeutung ihrer optischen Attribute für ihre Karriere. »Sie meinen, weil ich so schön bin?«, fragte Gregor Gysi und lachte. Ich lachte mit. Auch gemein, eigentlich. Entschuldigung.

Doch gerade weil sie oft anders verliefen als angenommen, haben mir diese Gespräche einiges über unsere Gegenwart und über Rollenklischees verraten. Über die verschiedenen Wirkungsbereiche der erfolgreichen Befragten, über Altersgrenzen und Weltanschauungen hinweg wurden immer wieder Muster erkennbar. Völlig unterschiedliche Typen gaben zwar sehr persönliche, aber doch überraschend ähnliche Antworten. Dabei hatte ich den Begriff »erfolgreich« schon relativ großzügig ausgelegt und mich nicht auf Bruttovermögen, Anzahl der Bundesverdienstkreuze oder Social-Media-Reichweite als Key Performance Indicators festgelegt. Ein arrivierter Physikprofessor ist deshalb ebenso Teil der Anordnung wie ein Bundesaußenminister, ein Konzernchef ebenso wie ein erfolgreicher Popstar im oberen Mittelfeld der deutschen Szene, eine deutsche Medienlegende ebenso wie ein Chefarzt und ein Vater in Dauerelternzeit. So viele unterschiedliche Lebenswege, so große Ähnlichkeiten in den Antworten auf bestimmte Schlüsselfragen.

Kurz und knapp wirken mit:

- Jürgen Bornschein, * 1960, Leiter des Hochbauamts Berlin-Pankow, CDU-Mitglied, von 1999 bis 2001 Mitglied des Berliner Abgeordnetenhauses, Vater meines Freundes und Mitgründers Christoph
- Axel Bosse, * 1980, Sänger und Musiker und Grundsympath
- Jörg Eigendorf, * 1967, Journalist und Konzernsprecher der Deutschen Bank
- Rainer Esser, * 1957, Geschäftsführer des ZEIT-Verlages und der DvH Medien GmbH und ein Mann, der sehr gute Weihnachtskarten verschickt
- Holger Friedrich, * 1966, Unternehmer, Investor und seit 2019 vieldiskutierter Verleger der Berliner Zeitung
- Gregor Gysi, * 1948, Rechtsanwalt, Politiker, Bundestagsabgeordneter und langjähriger Fraktionsvorsitzender der Linken
- Dr. Lars Hellmeyer, * 1969, Chefarzt für Geburtsmedizin und Gynäkologie an zwei Berliner Vivantes-Kliniken
- Joe Kaeser, * 1957, praktisch ein ganzes Berufsleben lang Teil der Siemens-Führung, ab 2013 Vorstandsvorsitzender des Konzerns
- Friedrich Kautz, * 1979, als Prinz Pi erfolgreicher Musiker, aber auch Unternehmer, Designer und Musikautor für andere Musiker*innen
- Fynn Kliemann, * 1988, Heimwerkerkönig, YouTuber und Unternehmer, 2020 zwischenzeitlich größter Maskenproduzent Europas
- Frater Rafael Maria Klose, * 1996, Priesteranwärter und Ordensmann des Dominikanerordens

- Heiko Maas, *1966, Politiker und Bundesaußenminister im Kabinett Merkel IV, Mitglied der SPD
- Christoph Mönnikes, *1963, Spitzenvater des Jahres 2013, Ehemann der DB-Cargo-Vorstandsvorsitzenden Sigrid Nikutta
- Julian Otto, *1989, als Bausa ein in Szene, Charts und Boulevard erfolgreicher deutscher Rapper
- Christian Rach, *1957, Sternekoch und ehemaliger Restauranttester
- Frank Thelen, *1975, Unternehmer und Investor und einer der Löwen in der Start-up-Show »Die Höhle der Löwen«
- Dr. Helmut Thoma, *1939, österreichisch-luxemburgisch-deutsche Medienlegende, langjähriger RTL-Chef und mein Vorsitzender im freenet-Aufsichtsrat
- Ole von Beust, *1955, von 2001 bis 2010 für die CDU Erster Bürgermeister der Freien und Hansestadt Hamburg, heute als Unternehmens- und Verbandsberater selbständig
- Jean-Remy von Matt, *1952, Mitgründer der Werbeagentur Jung von Matt, Texter und Werbelegende
- Frank-Peter Weiß, *1951, Nuklearphysiker und ein Jugendfreund meiner Mutter, langjähriger Professor an der TU Dresden und Geschäftsführer der Gesellschaft für Anlagen- und Reaktorsicherheit, heute im Ruhestand
- Peter Wittkamp, *1981, Werbetexter, Autor und @diktator auf Twitter, von 2011 bis 2012 mein Angestellter, erfolgreich mit der BVG-Kampagne #weilwirdichlieben und verschiedenen guten Büchern
- Waldemar Zeiler, *1982, Mitgründer und Mitgeschäftsführer des Start-ups einhorn

Wir werden sie alle in den kommenden Kapiteln näher kennenlernen. Jeder wird zwischendurch mal Wortführer und dann wieder nur Stichwortgeber sein, jeder wird mal mit profunden Einsichten und dann wieder mit eingestreuten Bonmots glänzen, wird mal sehr sympathisch sein und mal in ein Fettnäpfchen treten. Da die Fragebögen ähnlich waren, es zwischen den Antworten überraschend viele Parallelen gab und zu guter Letzt das Setting »Videokonferenz« nicht eben superindividuelle Interviewsituationen schuf, bekommt nicht jeder sein eigenes Kapitel. Stattdessen gehen wir wesentliche Abschnitte des Fragebogens Stück für Stück durch, entdecken gemeinsam Parallelen und Widersprüche und schauen ebenso gemeinsam, wo wir in der Diskussion um Geschlechtergleichheit, gesellschaftlichen Wandel und das große »Jetzt geht's los« denn so stehen.

Ich werde mich in diesem Buch gelegentlich ärgern. Ich lade Sie herzlich dazu ein, sich mitzuärgern. Ich werde allerdings auch schmunzeln oder sogar lachen und freue mich auch dabei über Ihre Gesellschaft. Mitunter werde ich auch laut denken und auf die Suche nach Erkenntnissen und Widersprüchen gehen. Ich wäre Ihnen dabei für Ihre Geduld und Ihren Beistand dankbar. Der Gesamteindruck hat ein gewisses Zerknirschungspotenzial, aber von der Zerknirschung zur Veränderung ist es nur ein kleiner Schritt.

Eine Sache möchte ich gern vorab deutlich machen: Dieses Buch wird kaum individuelle Anklagen und Vorwürfe liefern. Jedes dieser Gespräche war vom ersten Kontakt bis zur Freigabe der Zitate angenehm, ich bin all diesen erfolgreichen Männern sehr dankbar für ihre Zeit und ihre Offenheit. Das Problem ist nur selten der einzelne Mann. Den Hinweis jedoch, dass da oft noch reichlich Luft nach oben ist, dass wir gemeinsam noch mehr Kraft und Geschwindigkeit in die nötigen Veränderungen bringen könnten, den erlaube ich mir. Viele meiner Interviewpartner sollten unbedingt mehr tun, um Veränderung möglich zu machen und die Gesellschaft positiv mitzugestalten. Nicht nur, weil selbst die sonst eher fortschrittlich denkenden Männer unter ihnen oft noch an sehr traditionell geprägten Geschlechterrollen hängen, die sie sich kaum wirklich bewusst machen. Sondern vor allem, weil sie mehr tun könnten. In mancher Hinsicht scheinen sie sich ihrer Gestaltungsmacht gar nicht bewusst zu sein, in anderen Momenten wirkt es, als würden sie ihre Verantwortung für den Wandel gern von sich weisen.

Dabei müsste ihnen doch klar sein, dass sie ein Vorbild für junge Männer sind.

KÖNNEN SIE FÜR ANDERE MÄNNER EIN VORBILD SEIN?

»Wenn sie's kann ist das ok. Aber warum soll Kühne ein Vorbild für Andere sein? Jeder soll sich sein Vorbilder suchen, und Typen, die sich Aufsichtsräte als Vorbild suchen, sind mir eher suspekt!« (sic)

Kommentar eines Nutzers zu einem ZEIT-Online-Interview am 8. Juni 2017[1]

Es war mein persönlicher Refrain des Sommers 2017: Ich möchte ein Vorbild sein. Im Juni hatte mich die Hauptversammlung der freenet AG in den Aufsichtsrat des Unternehmens gewählt. Ich hatte mich nach kurzer Bedenkzeit als Kandidatin aufstellen lassen, hatte im ersten Vorstellungsgespräch meines Lebens überzeugen und vor 600 Leuten in der Hauptversammlung meine Bühnenangst vergessen müssen. Wochenlang war ich mir sicher gewesen, irgendwann einfach vor Aufregung tot umzufallen. Aber ich hatte zugesagt und wollte das nun auch durchziehen.

Dafür gab es vor allem einen Grund. Die Vergütung für Aufsichtsräte war es eher nicht: Für das mit der Position verbundene Haftungsrisiko fällt die tatsächlich eher gering aus. Auch das Gütesiegel der Aufsichtsratsverantwortung, das meine Arbeit in der Agentur und damit das ganze TLGG-

Team in ein noch besseres Licht rücken würde, war nicht entscheidend. Den Ausschlag gab der dritte Faktor, ohne den ich vor lauter Nervosität wahrscheinlich irgendwann abgewinkt hätte: Mit der Nominierung und der großen Zustimmung bei der Wahl in den Aufsichtsrat hatte man mir nämlich die Gelegenheit gegeben, als junge Frau in eine entscheidende wirtschaftliche Position zu kommen – ohne dass ich mich verstellen oder verbiegen, ohne dass ich betteln oder lange warten musste. Wenn das in einem sonst sehr männlich geprägten System möglich war, dann konnte das ein starkes Symbol für andere junge Frauen sein: Das ist, was möglich ist; das ist, was ihr erwarten, anstreben und einfordern dürft. Auf diese Gelegenheit wollte ich nicht verzichten. Sie erschien mir zu wichtig.

Deshalb schluckte ich meine Nervosität hinunter, deshalb nahm ich nach meiner Wahl einen Sommer lang fast jede Einladung an und jede Gelegenheit wahr, diese Geschichte zu erzählen und damit eine Idee und einen Appell in die Welt zu tragen: Frauen! Nutzt eure Energie, euren Biss, euren Ehrgeiz und schränkt euch in euren Ansprüchen nicht ein! Ich ging auf Bühnen, ich sprach mit Zeitungen, ich zitterte mich durchs Neo Magazin Royale, ich traf mich zu Doppelinterviews mit anderen Gründerinnen, ich stand für inhaltlich dünne Porträts ebenso zur Verfügung wie für schmeichelhafte Role-Model-Formate und zähe Paneldiskussionen. Ich sprach mit der WirtschaftsWoche, mit der Brigitte und mit dem Digitale-Erziehung-Magazin Coding Kids: »Kannst du für andere Frauen ein Vorbild sein?«, fragten sie. Und ich antwortete: »Ich hoffe doch!«[2]

Auch wenn ich heute nicht mehr ausnahmslos jede Gelegenheit wahrnehme, bleibt mir diese Verantwortung wichtig: Ich möchte die Idee, dass junge Frauen in Führungsverantwortung wichtige Beiträge leisten können, laut vorleben und ihr, da das offenbar nötig bleibt, auch mein Gesicht und meinen Namen zur Verfügung stellen. Dass sich, wie es in den ZEIT-Online-Kommentaren damals hieß, jeder seine eigenen Vorbilder suchen soll, ist ja völlig richtig. Aber wenn jemand ein Vorbild für die noch immer wichtige Idee einer Chancengleichheit der Geschlechter sucht, will ich nicht kneifen.

Dass es dabei allerdings nicht nur darum gehen kann, zu anderen Frauen zu sprechen und ihnen von ihren Möglichkeiten zu erzählen, habe ich selbst dabei für eine Weile aus den Augen verloren. Dass es ebenso wichtig bleibt, einem noch immer trägen und männlich dominierten System zu zeigen, dass es für junge Frauen Platz machen und Angebote schaffen muss, war anfangs kein prominenter Punkt in meinem medialen Vorbildrepertoire. »(…) es braucht Vorbilder, an denen sich Mädchen und junge Frauen orientieren können. Eine solche junge Frau – ganz an der Spitze und ein Vorbild – ist Fränzi Kühne.« So hieß es Anfang 2019 in einem Bericht des Deutschlandfunks zum »Frauenmangel in der IT-Branche«.[3] Ich als Teil eines Veränderungsprogramms, in diesem Bericht in ein gemeinsames Powerpaket mit Wissenschaftlerinnen, Informatikerinnen, Managerinnen gesteckt, in einer Reihe mit Constanze Kurz, Simone Menne, Dorothee Bär? Das ehrte und bestärkte mich. Ich fühlte mich wohl und wirksam in der Rolle eines starken Symbols für eine starke Veränderung. Dabei war schon lange deutlich, dass diese starke Veränderung noch auf sich warten lassen würde.

2017, praktisch während ich mich auf die Hauptversammlung vorbereitete, untersuchte die AllBright-Stiftung die sich selbst replizierenden Strukturen deutscher Unternehmensvorstände. Unter dem Titel »Ein ewiger Thomas-Kreislauf« schrieben die Autor*innen des Berichts: »Mit steigender Hierarchie-Höhe fallen objektivierende Auswahlmethoden zunehmend weg und es wird immer stärker aufgrund der Persönlichkeit entschieden. So spielt in der Praxis die ›Passfähigkeit‹ des Kandidaten die entscheidende Rolle in der Beurteilung und begünstigt die Auswahl nach immer gleichem Muster: Die größtmögliche Übereinstimmung wird zum entscheidenden Kriterium. Auf diese Weise reproduzieren sich ständig gleichgerichtete Führungsmannschaften, die erfahrungsgemäß reibungslos zusammenarbeiten und sich ohne viele Worte verstehen. Blickfeld und Erfahrungshorizont sind jedoch extrem begrenzt und korrigierende Elemente fehlen.«[4] Die Bezeichnung Thomas-Kreislauf bezog sich dabei darauf, dass es in den Vorständen mehr Mitglieder mit den Vornamen Thomas und Michael gab als Frauen.

Auch zwei Jahre später diagnostizierte die Stiftung nur eine leichte Verbesserung: »Thomas ist auch im September 2019 der häufigste Name in den deutschen Börsenvorständen. 7 Vorstandsvorsitzende heißen Thomas, nur 3 Vorstandsvorsitzende sind Frauen. Erstmals jedoch gibt es in den Vorständen insgesamt mehr Frauen (66) als Thomasse & Michaels (58).«[5] Das Grundmotiv blieb also fast unverändert, und es löst sich bis heute nur langsam auf. Gleich und gleich rekrutiert sich weiterhin gern, und überwiegend männlich geprägte Strukturen neigen dazu, sich selbst in die Zukunft zu kopieren.

Einen dritten Schnappschuss lieferte die AllBright-Stiftung im Oktober 2020. »Deutscher Sonderweg: Frauenanteil in DAX-Vorständen sinkt in der Krise«[6] war der Titel des Berichtes, der aufzeigte, wie schnell der mühsam erarbeitete Fortschritt wieder abschmelzen kann. In Krisenzeiten vertrauen die altbewährten Männerrunden eben … auf altbewährte Männerrunden.

In diesem Umfeld bin ich als erfolgreiche Frau erst einmal kein Indiz für eine echte Veränderung, sondern nur die Abweichung von der Norm. Und weil Medien nun einmal funktionieren, wie sie funktionieren, ist diese Normabweichung an sich viel interessanter als ein möglicher struktureller Wandel: Verraten Sie uns, wie Sie das allen Umständen zum Trotz geschafft haben? Welche Tipps geben Sie Frauen, die so weit kommen möchten wie Sie? Welche Vorbilder hatten Sie selbst, in wessen Fußstapfen konnten Sie treten? Das eigentliche Ungleichgewicht, die mangelnde Chancengleichheit im System ist weniger Thema als die junge Frau, die es geschafft hat – und die sich auch gern als »Vorbild für junge Mädchen und Frauen« zur Verfügung stellt, solange es diesen Bedarf gibt.

Wenn es den jungen Mädchen und Frauen aber an Vorbildern fehlt, gilt dann auch der Umkehrschluss? Ist die Veränderung nur deshalb so träge, weil Jungs und junge Männer einfach die besseren Vorbilder haben, an denen sie sich orientieren können? Was passiert denn, wenn wir die Vorbildfrage umdrehen und sie den Männern stellen, die in Kultur, Politik, Wissenschaft, Wirtschaft und Gesellschaft an der Spitze oder zumindest recht weit oben stehen? Ist man sich in diesen Höhen einer Vorbildfunktion bewusst? Und vor allem und ebenso geschlechtsspezifisch, wie man mich nun einmal fragt: Kann der erfolgreiche Mann ein Vorbild für andere Männer sein?

Rainer Esser muss lachen

Erst ist es nur eine Augenbraue, die gegen den konzentrierten Gesichtsausdruck rebelliert. Dann folgt ein Lächeln milder Amüsiertheit, doch es hält nicht lange, zu stark ist der Impuls. Aus dem Geschäftsführer des ZEIT-Verlages bricht ein Lachen heraus, ernsthaft überrascht und freundlich belustigt. Er lacht, als hätte ich ihm eine völlig absurde Frage gestellt, eine Frage mit Clownsnase in einem bis eben doch so seriösen Gespräch. »Können Sie für andere Männer ein Vorbild sein?«

Rainer Esser, heute ein erfolgreicher Mann, wird 1957 geboren, wächst in Wolfenbüttel auf, verbringt die ersten Jahre des Lebens bei seiner Großmutter, gerät nach einer Banklehre in die Rechtswissenschaften, macht dort seinen Master und promoviert und wird schließlich Chefredakteur einer juristischen Fachzeitschrift. Seitdem lassen ihn Journalismus und Verlagswesen nicht mehr los, und heute ist er seit mehr als 20 Jahren Geschäftsführer des ZEIT-Verlages. Damit lenkt Dr. Rainer Esser nicht nur die Geschicke der Wochenzeitung DIE ZEIT, sondern die eines Medienhauses mit einem großen und vielfältigen Print-, Digital- und Veranstaltungsportfolio und mehr als 1000 Mitarbeiter*innen weltweit. Darüber hinaus ist er Mitgeschäftsführer der DvH Medien GmbH, die ihrerseits Anteile vieler deutscher Medienunternehmen hält. Rainer Esser ist verheiratet, hat zwei erwachsene Kinder und wirkt, wann immer ich ihn sehe, ausgeglichen, in sich ruhend und allgemein zufrieden. Auf der Suche nach Vorbildern im unternehmerischen Handeln, in der Karriereentwicklung oder im Sein an sich wäre Rainer Esser wahrscheinlich nicht die abwegigste Wahl. Dessen dürfte er sich eigentlich bewusst sein. Also: Warum lacht er?

»Warum lachst du?«, unterbreche ich ihn. Er holt Luft, fängt sein Lachen ein, blickt nachdenklich auf einen unbestimmten Punkt jenseits der Kamera, die ihn mit mir verbindet. »Über diese Frage habe ich noch nie nachgedacht.« Er versucht sich trotzdem an einer Antwort: »Sagen wir mal so: Die Art und Weise, wie wir bei der ZEIT das Geschäft fortentwickeln, die Marke fortentwickeln und auch die Kolleginnen und Kollegen im Hause in ihrer Eigenständigkeit fördern, das könnte auch für andere Unternehmen erfolgreich sein.« Er schaut mich erwartungsvoll an. Nun, das ist eine gute Antwort für einen Geschäftsführer, aber mich interessiert die Antwort eines erfolgreichen Mannes. »Aber du als Person, kannst du für andere ein Vorbild sein?« Der Geschäftsführer Rainer Esser sucht kurz nach einer ernsthaften Antwort, doch das Lachen des Privatmannes Rainer Esser holt ihn wieder ein. Die Antwort ist offenbar: »Nein.«

»Aber warum tust du dich denn mit Vorbildern so schwer? Hast du selbst keine Vorbilder? Was ist an dem Thema denn so ungewöhnlich?« Er findet zu seiner Konzentration zurück, versucht, das Thema grundsätzlich anzugehen: »Vorbilder sind Personen, denen man nachstrebt, weil sie besondere Fähigkeiten haben, eine besondere Persönlichkeit, ein besonderes Auftreten. Und wenn ich ehrlich bin, habe ich nie ...« Er hält inne, setzt neu an: »Ich kenne sicherlich eine ganze Reihe interessanter Frauen und Männer, aber es war nie jemand dabei, bei dem ich dachte: ›Wow, so möchte ich auch sein.‹« Vor seinem inneren Auge scheint er tatsächlich alle Menschen kurz durchzugehen, die er je getroffen hat. Schließlich findet er zwei spannende Kandidaten: »Ich durfte mal mit John McEnroe Tennis spielen. Das war natürlich beeindruckend, und er ist ein großer, fantastischer Tennisspieler gewesen. Aber ich würde jetzt nicht sagen, dass er deshalb ein Vorbild für mich wäre. Ich habe auch schon oft Boris Becker getroffen. Das ist auch eine Persönlichkeit, mit viel Humor und ordentlich Charme ausgestattet. Aber auch ihn würde ich nicht als Vorbild einreihen.«

Ich verstehe: Rainer Esser mag Tennis. Aber eine klare Antwort auf die Frage nach seinen Vorbildern und seiner Vorbildfunktion – ob für junge Männer oder ganz allgemein – fällt ihm schwer. Damit ist er nicht allein. Tatsächlich hadert die Mehrheit der befragten erfolgreichen Männer mit der eigenen Vorbildrolle, wenn man sich danach erkundigt. Und auch die, die grundsätzlich einräumen, ein Vorbild zu sein oder sein zu können, neigen dazu, ihre Antwort zu relativieren: Vorbild ja, aber eigentlich nur im Hinblick auf bestimmte Eigenschaften. Vorbild ja, aber ohne Gewähr. Und speziell für Männer? Bedingt.

Der Heimwerkerkönig, YouTuber und Unternehmer Fynn Kliemann etwa ist schon bei der ersten Frage vom Geschlechterfokus irritiert, mit Blick auf seine Vorbildfunktion hält er es aber direkt und simpel: »Ich kann für jeden Menschen ein Vorbild sein, für ganz viele auch ein abschreckendes, vielleicht. Jeder Mensch kann ein Vorbild für jemand anders sein, wenn er etwas macht, was jemand anders cool findet, völlig egal ob nun Mann oder Frau. Was man sich vielleicht von mir abgucken kann, ist Angstfreiheit fürs Leben.« Aber auch er als einer der deutlichsten »Na-klar«-Sager zieht direkt eine Grenze: »Ansonsten auch nicht viel mehr, denn der Rest ist ganz oft auch dumm. Ich mache auch viele dumme Sachen, die finanziell zum Ruin führen könnten oder zu körperlichen Beschädigungen. Vieles ist sehr situationsgetrieben und impulsiv, ganz oft nicht besonders gut und auch auf keinen Fall ein Vorbild.«

Die Idee, dass prinzipiell jeder ein Vorbild sein kann, teilt auch der Sänger und Musiker Axel Bosse. Darin jedoch erkennt er auch eine Verantwortung: »Ich glaube, dass man mit allen Dingen, die man so lebt und auch vorlebt, gerade wenn man auf einer Bühne steht, eine Vorbildfunktion hat. Mir wurde irgendwann klar, dass ich mit zwei, drei guten Ideen ziemlich viel bewirken kann, weil ich in der Öffentlichkeit stehe und eine treue Fanbasis habe, die Lust hat, sich einzusetzen und was zu bewegen.« Seine Fanbasis sieht er dabei durchaus paritätisch besetzt, was, wenn man Konzertberichte und soziale Medien betrachtet, offenbar zutrifft.

Es ist vielleicht eine Mischung aus der Ehrfurcht vor dieser Verantwortung und dem Wissen um die eigenen Schwächen, die viele der Befragten zurückhält, wenn man sie nach ihrer Vorbildfunktion fragt. Der Politiker und Bundestagsabgeordnete Gregor Gysi erklärt: »Wenn du anfängst, dich danach zu richten und zu glauben, du müsstest eine Rolle spielen, als ob du für andere ein Vorbild sein könntest, überschätzt du dich. Ich habe ja nicht nur Stärken, sondern auch Schwächen, und ich begehe ja auch Fehler.« Und sein Kollege, Bundesaußenminister Heiko Maas, stellt die Vorbildfunktion als solche in Frage: »Ich habe eine gewisse persönliche Distanz zu Vorbildern. Jeder muss seinen Weg selbst gehen. Ich weiß nicht, ob ein Vorbild immer einen Beitrag dazu leistet, dass man das macht, was für einen selbst auch wirklich am besten ist.«

Der Rapper Prinz Pi bezweifelt, dass es an ihm liegt, seine Vorbildqualitäten zu beurteilen: »Keine Ahnung. Vielleicht gibt es Leute, die etwas schlechter machen als ich, aber es gibt bestimmt viele, die es viel besser machen. Das kann man selbst schwer beurteilen, oder? Man versucht halt, die beste Version von sich zu sein, die man kann.« Eine Kerbe, in die auch mein Kollege und Vorsitzender im freenet-Aufsichtsrat, die deutsche Medienlegende Dr. Helmut Thoma, schlägt. Er habe sich nie als Vorbild gesehen, sagt er, doch er deutet an, dass es in seinen Augen nicht Sache der Vorbilder sei, sich aktiv als solche anzubieten: »Es gibt genügend Vorbilder. Jeder Mensch kann sich ein Vorbild heraussuchen. In der Vergangenheit waren das halt die Heiligen, die alle irgendwelche Zuständigkeiten haben, um eine bestimmte Eigenschaft zu betonen, die man selbst gern hätte.«

Vorbildscheue Vaterfiguren

Ich habe das Gefühl, dass Thoma es sich mit den Heiligen und der Wahlfreiheit etwas zu einfach macht. Ja, es ist sicher völlig korrekt, dass sich jeder sein Vorbild selbst aussuchen kann. Aber letztlich orientiert man sich doch an dem, was da ist, was vorgelebt wird, was in den Medien, in der Gesellschaft, in Politik und Wirtschaft stattfindet und sichtbar ist. Vielleicht ist die Frage nach der Vorbildfunktion einfach ein bisschen zu groß und abstrakt. Vielleicht sollten wir konkreter werden. »Suchen junge Frauen aktiv Ihren Rat?«, fragte mich im Sommer 2019 der PR-Report.[7] Ich bejahte und sprach kurz über Mentorenprogramme, Coachings und praktische Erfahrungen. »Haben Sie einen Tipp für junge Frauen, die genauso weit kommen möchten wie Sie?«, fragte mich die WirtschaftsWoche im Frühling 2017.[8] Ich sprach von einer gewissen Leichtigkeit und einem positiven Blick auf die Welt. Was antworten Männer, wenn man ihnen diese Fragen stellt? Was für Tipps geben sie jungen Männern, die aktiv ihren Rat suchen?

Friedrich Kautz alias Prinz Pi sitzt auf einem Parkplatz in Berlin und spricht via iPhone mit mir. Er trägt Basecap, Bart und Brille, eine zusätzliche Sonnenbrille hängt im Ausschnitt seines Pullovers. Es ist bewölkt, und er ist eigentlich mit seiner schwangeren Frau verabredet, um die Erstausstattung für den kommenden Nachwuchs zu kaufen. Seine Frau geht nun allein los, er nimmt sich Zeit für mich. In meinem Hinterkopf formt sich ein Kommentar zu Geschlechterrollen und Verantwortung, aber am Ende bin ich ja diejenige, die ihn hier festhält, und ich bin ihm für seine Zeit auch sehr dankbar. Also: Suchen denn junge Männer aktiv seinen Rat? Seine Antwort überrascht mich in ihrer Eindeutigkeit, ihrer Ausführlichkeit und mit ihrem klaren Geschlechterbezug: »Tatsächlich öfter, ja. Ich habe mich oft gefragt, warum das so ist. Vielleicht liegt es daran, dass es einen Bruch mit der Vatergeneration gab: Die Generation meines Vaters hat noch Krieg, Hunger und das Wirtschaftswunder miterlebt – eine Zeit der ganz klaren, binären Weltsichten: West gegen Ost zum Beispiel. In der heutigen Zeit gibt es viel mehr Zwischentöne, andere Probleme und damit neue Fragen. Die Welt ist komplizierter geworden. Dogmen wurden aufgebrochen, tradierte Werte entwertet. Viele junge Männer, sogar noch Männer in meinem Alter – ich bin gerade 40 geworden –, finden kaum ältere Leute, von denen sie sich Rat holen können. Weil der Gap so groß ist. Darum gibt es einen großen Bedarf an Vaterfiguren, die einerseits gesetzter sind als die aktuelle Generation, aber die Bindung zu ihr nicht verloren haben. Jedenfalls erkläre ich es mir so.«

Friedrich Kautz wird 1979 geboren und wächst in Berlin-Zehlendorf auf. Die Geschichte seiner Eltern ist von Flucht, Vertreibung und Mittellosigkeit geprägt, der Beamtenstatus des Vaters verhilft der Familie jedoch zu einem Haus in einem gehobenen Teil Berlins. Als Prinz Porno wird Kautz um die Jahrtausendwende ein bekannter Teil der Berliner Rapszene, als Prinz Pi ist er seit 2006 erfolgreicher Teil der deutschen Poplandschaft, chartplatziert und preisgekrönt. Er schreibt Lieder über die Liebe, über das Leben, über den Schmerz, immer wieder gebrochen durch klassische Hip-Hop-Posen. Er ist studierter Kommunikationsdesigner und auch als Designer tätig, schreibt Texte für andere Künstler*innen, hat ein eigenes Label und eine eigene Fashionmarke gegründet. Er ist Vater zweier Kinder aus zwei vergangenen Beziehungen und zum Zeitpunkt des Gesprächs eben nicht am Kauf der Erstausstattung für sein drittes Kind beteiligt. Er ist vielseitig interessiert – Musik, Mode, Kunst, Geschichte, Philosophie, Technik, Lifestyle – und bei öffentlichen Auftritten auch darauf bedacht, das zu zeigen. Ich frage ihn, welchen Rat die jungen Männer denn bei ihm suchen.

»Wie schafft man es, eine Beziehung als Selbständiger zu erhalten, sie durch Krisen zu tragen? Wie schafft man es, sich in der Vaterrolle zurechtzufinden, wenn der Job nie aufhört und nicht zwischen 9 und 17 Uhr stattfindet? Viele fragen auch ganz einfache Sachen: Welche Krawatte trägt man zu welchem Anzug? Welche Lederschuhe zu welchem Anlass? Dann sind für viele Leute im Alter zwischen 20 und 40 bestimmte materielle Anschaffungen mit Symbolcharakter wichtig: Was sollte ich mir für eine Uhr kaufen, um mich selber damit für eine Zäsur im Lebenslauf zu belohnen? Oder was für ein Auto, um zu zeigen, wo ich beruflich, aber auch von meiner privaten Einstellung her stehe? Wie kann ich mein Geld da möglichst wertstabil anlegen und es schaffen, meinen persönlichen Stil am passendsten in diesen Produkten auszudrücken? Viele fragen mich auch zu Wohnungseinrichtungen, solche Sachen.« Kautz zieht den Mund in die Breite und die Augenbrauen nach oben, als würde er sich für die Vielfalt dieser Fragen entschuldigen wollen, als könne er sich das auch nicht erklären. Mich wiederum überrascht dieser Fragenkatalog tatsächlich so sehr, dass mir die naheliegende Nachfrage schlicht nicht einfällt: Warum glaubst du dennoch, kein Vorbild sein zu können?

Auch Holger Friedrich, der sich zur Vorbildrolle eigentlich fehlende Smartness attestiert, bejaht die Frage nach den ratsuchenden jungen Männern. Anders als Kautz sieht er seine Funktion eher praktisch: »Es gibt Menschen, die gerne mit mir zusammenarbeiten, weil man in meiner Nähe viel lernen kann. Ist das im Sinne von Mentorship zu verstehen? Miteinander reden bei einem gepflegten Essen und ich erklär dir mal was? Eher nicht. Das ist experience-based, im täglichen Tun zu schauen, wie etwas erreicht werden kann.« Er ergänzt: »Ich hätte mir in meiner beruflichen Karriere ab und an gewünscht, dass mich jemand beiseitegenommen und mir diese Zusammenhänge früher erklärt hätte. Die Höhe und Häufigkeit der Seminargebühr wäre geringer gewesen.«

Also der eine ein Ratgeber in allen Lebenslagen, der andere ein Wissensvermittler im praktischen Alltag, der sich einen Ratgeber wie sich selbst in seiner eigenen Karriere gewünscht hätte – aber beide sehen sich eher nicht als Vorbild. Tatsächlich ist dies ein Widerspruch, der mir in vielen Gesprächen begegnet: einerseits das Zögern und Relativieren, wenn es um die eigene Vorbildfunktion geht, andererseits doch ein gewisser Stolz darauf, von jungen Männern und Menschen allgemein angesprochen zu werden und ihnen auch etwas mitgeben zu können. Das muss gar nicht unbedingt der Einmal-alles-Katalog eines Prinz Pi oder die praxisnahe On-the-Job-Erfahrung eines Holger Friedrich sein. Auch kleine Tipps sind wichtig: »Immer einmal mehr aufstehen als hinfallen!« (Investor Frank Thelen); »Wenn du eine Chance hast, dann nutze sie« (Dr. Helmut Thoma); »Am Ende geht es immer um Durchhaltevermögen, ums An-sich-Glauben, sich Finden und viel Arbeit« (Axel Bosse); »Konsistenz, Fokussierung, Dranbleiben!« (Werbelegende Jean-Remy von Matt); »Niederlagen gehören dazu« (Sternekoch und Ratgeber Christian Rach) – Ratgeberklassiker eben, freundliche Allgemeinplätze. Das meine ich gar nicht despektierlich. Selbst Binsenweisheiten, selbst naheliegende Tipps können Wunder bewirken, wenn sie vom richtigen Menschen im richtigen Moment kommen.

Auch ein bisschen Desillusionierung kann hilfreich sein: »Es gibt so etwas, das hat so diesen Bewunderungscharakter: Wie kann man das schaffen und was hast du gemacht, und gib mir mal die zehn wichtigsten Punkte, die ich dafür berücksichtigen muss. Denen erzähle ich dann zu ihrer Enttäuschung immer, dass Politik als Karriere heute nicht mehr planbar ist. Es gab in meiner politischen Laufbahn so viele zufällige Momente, knappe Wahlergebnisse, die in guten oder schlechten Zeiten stattgefunden haben, wo man eigentlich selbst gar keinen richtigen Beitrag dazu leisten konnte, ob es gut oder schlecht ausgeht. Momente, in denen es auch Angebote gegeben hat und in denen ich relativ schnell entscheiden musste, ob ich das will oder nicht. Politische Karrieren heute noch zu planen, das halte ich für einen großen Irrglauben.« Es macht einen Unterschied, ob man solche Einschätzungen in der BIZ-Berufsberatung bekommt oder wie in diesem Fall von Bundesaußenminister Heiko Maas.

Bei so viel Bereitschaft, sein Wissen zu teilen, und so viel Zaudern, wenn es darum geht, bewusst und aktiv Vorbild zu sein, wächst in mir die Vermutung, dass sich hier eine gewisse Scheu vor Verantwortung als charmante Bescheidenheit tarnt. Tipps geben, gefragt werden, zum Nacheifern anregen: gern. Explizit Vorbild sein: eher schwierig. Denn das würde vielleicht auch bedeuten, sein eigenes Verhalten und die eigene Strahlkraft nach außen stärker reflektieren zu müssen. Wenn Fynn Kliemann erzählt, dass es Leute gibt, »die aus ihrem Alltagstrott rauswollen und keinen Bock mehr haben auf diese Monotonie in ihrer Wohnung, in der Kleinstadt, in Neukölln, im Job, der seit Ewigkeiten langweilig ist«, und die ihn fragen: »Wie komme ich hier raus? Was kann ich machen?«, dann sind das große Fragen an einen jungen Mann, dem bewusst ist, dass er oft situativ, impulsgetrieben und – seine Worte – dumm handelt. Auch Gregor Gysi spricht diesen Zwiespalt an: »Mich fragen vor allen Dingen Schüler: Wie kann man in der Politik wirksam werden? Welchen Weg muss ich beschreiten? Oder: Würden Sie mir raten, dies oder das zu studieren? Das ist auf der einen Seite ganz nett. Auf der anderen Seite habe ich auch immer ein ungutes Gefühl, wenn ich Ratschläge gebe. Ich mische mich ja ein bisschen in ein Leben ein, ohne es zu kennen.«

Aber ist Letzteres, bei aller zu attestierenden ehrenvollen Bescheidenheit, nicht Teil seiner Stellenbeschreibung? Die Verantwortung klopft doch nicht erst an, wenn jemand eine konkrete Frage stellt und einen konkreten Rat sucht. Gerade als Spitzenpolitiker*in ist man doch mehr oder weniger die ganze Zeit dabei, die Rahmenbedingungen für eine Menge Leben mitzugestalten, über die man wenig weiß. Und präsent in seinem Tun, Denken und Handeln ist man obendrein: Ich bin die und der, ich tue dies und dies, ich denke so und so. Ich habe nicht das Gefühl, mich zu weit aus dem Fenster zu lehnen, wenn ich behaupte, dass das für prominente und erfolgreiche Künstler, Medienschaffende, CEOs und Führungskräfte – also kurz: erfolgreiche Männer – generell gilt. Offenbar gibt es aber doch etwas, was in den Augen vieler erfolgreicher Männer die Mentorenschaft von der Vorbildrolle unterscheidet. »Um ein Vorbild für andere zu sein, muss man eigentlich auch den Schiller-Faktor haben, den Glamour-Faktor«, sagt der Physikprofessor Frank-Peter Weiß, und der ehemalige Berliner Lokalpolitiker und Behördenleiter Jürgen Bornschein spricht von einem »göttlichen Schein«, den ein Vorbild bräuchte und der ihm fehle: »Dafür bin ich nicht der richtige Typ.«

Nun habe auch ich bislang an mir nur gelegentlich Glamour

und praktisch nie einen göttlichen Schein bemerkt. Bin ich es, die einfach zu anmaßend an diese ganze Vorbildidee herangeht? Oder gibt es tatsächlich einen Unterschied zwischen »Vorbild für Frauen sein« und »Vorbild für Männer sein«, weil es an männlichen Vorbildern – auch wenn sie selbst sich diese Rolle vielleicht absprechen – keinen Mangel gibt? »Es braucht noch viel mehr weibliche Vorbilder, die zeigen, wie es geht, und zu denen junge Frauen aufblicken können«, schreibt mir der Investor Frank Thelen. Auf der anderen Seite meint der Gründer des Kondom-und-Periodenprodukte-Start-ups einhorn, Waldemar Zeiler: »Es fehlen wirklich gute männliche Vorbilder. Es fehlen Männer, die ihre Macht dafür nutzen, gesellschaftliche Veränderungen voranzutreiben.«

Vielleicht liegt darin der Schlüssel: Es fehlt an Vorbildern, männlich wie weiblich, für eine grundlegende Veränderung. Zu dieser Annahme passt die Art von Ratschlägen und Mentorship, die die von mir befragten Männer gern anbieten: Es sind meist Tipps für den Umgang mit und für den Erfolg in der gegebenen Gesamtsituation. Dabei ist es die Komponente der Veränderung, des Etwas-anders-Machens oder Andersseins, die ein Vorbild explizit zu einem Vorbild macht – im Gegensatz zu einem Mentor oder Tippgeber. Deshalb sprechen Journalist*innen mit mir regelmäßig über meine Vorbildrolle, mit erfolgreichen Männern eher selten.

Das ist erst einmal nur eine Vermutung, ich will noch gar nicht ausschließen, dass ich da zu viel hineininterpretiere. Wenn man erst einmal meint, ein Muster erkannt zu haben, neigt man schließlich durchaus dazu, es überall bestätigt zu sehen. Auffällig ist aber in jedem Fall, dass vielen meiner Gesprächspartner die Routine damit und das Bewusstsein dafür fehlen, dass ihre Vorbildrolle ein Thema sein könnte. Und das wiederum könnte ein Grund dafür sein, dass fast alle die Frage »Können Sie ein Vorbild sein?« zu beantworten versuchten, sich aber nur wenige so deutlich auf den Zusatz »für andere Männer« beziehen wie die vielseitige Vaterfigur Prinz Pi, der vom Männerfokus der Fragen milde genervte Fynn Kliemann und auch Axel Bosse, der die Fragestellung ausdrücklich zum Thema macht. »Mir wurde noch nie die Frage gestellt: Gibt es Männer, für die du Vorbild bist? Das ist eigentlich eine Frage für die GQ. Oder die Men's Health vielleicht«, überlegt er am Ende unseres Gespräches. »Aber selbst die hätten anders gefragt. Die hätten gefragt: ›Hast du eine Vorbildfunktion für Musikerinnen und Musiker?‹ Du wirst aber gefragt, ob dich Frauen ansprechen, die vielleicht auch dasselbe schaffen wollen. Da ist ein großer Unterschied.«

Ein großer Unterschied

Ich treffe Axel Bosse im Büro meiner ehemaligen Agentur TLGG. Wir sind im Corona-Frühling 2020, das Büro ist praktisch leer, wir halten Abstand und hüsteln in unsere Armbeugen. Ich nenne ihn, Fans wird das aufgefallen sein, Axel. Das ist ungewöhnlich, denn »Axel« nennen Axel eigentlich nur Behörden und »meine Mutter, wenn sie sauer ist«. Für die meisten ist er einfach Aki. Das fühlt sich für mich aber zum einen seltsam und viel zu schnell viel zu vertraut an, und zum anderen halte ich »Axel« auch für einen mindestens grundsoliden Vornamen. Kein Problem: »Da hör ich drauf.« Axel und ich, wir haben das geklärt.

Der 1980 geborene Axel Bosse wächst in einem kleinen Ort in der Nähe von Braunschweig auf. In sehr, sehr jungen Jahren hört er im Schwimmbad einmal das Schlagzeug aus einem benachbarten Proberaum. »Ich habe meine Mutter dann so lang genervt, bis wir zusammen in den Proberaum gegangen sind, um mal zu schauen.« Aus dem Schauen wird ein Machen, und mittlerweile hat Bosse mit der Band, die seinen Nachnamen trägt, sieben Alben veröffentlicht. Die letzten beiden hielten lange den Spitzenplatz der deutschen Charts, seine Konzerte sind ausverkauft, diverse Jurys der deutschen Pop- und Radiokultur zeichneten ihn mit den unterschiedlichsten Awards aus. Er ist mit der Schauspielerin und Autorin Ayşe Bosse verheiratet, die beiden haben eine gemeinsame Tochter und leben in Hamburg. Bosse raucht gern, und draußen locken der Hinterhof und gutes Wetter, aber die Vorbildfragen beschäftigen ihn noch.

»Es hat halt kurz bei mir klick gemacht, und ich habe gemerkt: Wahnsinn! Du setzt dich in Gesprächen permanent damit auseinander, weil es besonders zu sein scheint, wenn eine Frau Karriere macht. Das sollte sich komplett ändern und hoffentlich bald, auch in der Wirtschaft, Normalität sein.« Bosse bedauert, dass die Vorbildfragen in meinem Fall so sehr aufs Geschlecht bezogen wurden: Bin ich Vorbild für Frauen? Habe ich Tipps für Frauen? Fragen mich Frauen um Rat? »Die dir gestellten Fragen setzen wahrscheinlich automatisch voraus, dass dich Männer nicht nach Karrieretipps fragen. Oder dass es nicht interessant ist, ob Männer dich fragen.« Oder, ergänze ich in Gedanken, dass ich für Männer als Vorbild nicht interessant sein kann. Das würde erst einmal auch durchaus einleuchten: Der Weg, den ich gegangen bin, der mir angeboten wurde, er ist für Männer deutlich selbstverständlicher als für Frauen. Das bestätigen die Zahlen der AllBright-Stiftung genauso wie ein Bericht des Instituts für Arbeitsmarkt- und Berufsforschung aus dem November 2019. Unter dem Titel »Leider nichts Neues auf den Führungsetagen« stellen die Autorinnen fest, »dass sich der Frauenanteil auf der ersten Führungsebene seit vierzehn Jahren weder in der Privatwirtschaft noch im öffentlichen Sektor wesentlich verändert hat«.[9]

Anders als die Frage nach meinen Tipps und Empfehlungen für junge Frauen aber suggeriert, kann die wesentliche Veränderung dieses Systems keine rein weibliche Aufgabe sein. Und da teile ich Waldemar Zeilers Einschätzung: Es fehlen Männer, die für mehr als – willkürlich aus dem Pool meiner Interviewpartner gefischt – einen geschlechterübergreifend konstruktiven Umgang mit Niederlagen, eine gute Markenentwicklung, passende Wohnungseinrichtungen und die Macht des Zufalls in politischen Karrieren stehen. Es fehlen Männer, die sich ihrer Vorbildfunktion bewusst sind und entsprechend handeln, nicht im von Gysi kritisierten Sinne des Eine-Rolle-Spielens, sondern im Sinne einer gelebten Idee einer gerechteren, besseren, veränderten Welt. Um dieses Bewusstsein aber hervorkitzeln zu können, sollte man sie vielleicht öfter mal fragen, ob sie ein Vorbild für andere Männer sein können, sein wollen – und vielleicht sogar sein müssten.

Der Einwand, dass hier ein ganz schön großes Fass in Bezug auf eine recht überschaubare Frage aufgemacht wird, ist nicht ohne Berechtigung. Wir befinden uns schließlich noch am Anfang des Fragebogens für erfolgreiche Männer, deutlich zu früh für abschließende Thesen. Es wird durchaus noch um verschiedene Aspekte des Vorbildseins, des Vorlebens, der eigenen Rolle, der eigenen Macht und des Bewusstseins für all das gehen. Aber es ist mir wichtig, diese konstruktiv-kritische Position mit in dieses Buch zu nehmen: Veränderung ist wichtig, Veränderung ist nötig, Veränderung ist möglich. Was tragen erfolgreiche Männer dazu bei, dass wir sie gemeinsam voranbringen? Schließlich gibt es in dieser noch immer sehr männlich geprägten Welt nichts, was Frauen nicht genauso gut können. Da sind wir uns doch einig, oder?

WAS KÖNNEN SIE,
WAS JUNGE FRAUEN NICHT KÖNNEN?

»Frauen können viele Dinge, die ich nicht kann,
Frauen können zum Beispiel Kinder zur Welt bringen.
Den Anteil des Mannes an der Herstellung eines Kindes,
den trägt nun wirklich die Katze auf dem Schwanz weg.
Wenn man das mal richtig begriffen hat, entwickelt man
für das andere Geschlecht einen anderen Respekt.«

Gregor Gysi

Ich bin gar nicht gerne anders. Während ich durchaus Menschen kenne, die es genießen, sich abzuheben und den Kontrast zu anderen zu maximieren, ist das gar nicht so sehr mein Ding. Ich bin einfach gern ich und mache Sachen so, wie ich sie für richtig halte und wie sie sich ergeben. Ich verstelle und verkleide mich nicht gern und halte das auch nur selten für notwendig. Aber Anderssein allein ist für mich kein Wert. Auch mit TLGG, unserer eigenen Firma, haben wir das immer so gemacht. Natürlich haben wir uns mit unseren Inhalten und Ansprüchen und unserem albernen Firmennamen von der klassischen Werbeszene abgehoben. Aber wir haben Dinge nie anders gemacht als andere, um Dinge anders zu machen als andere, sondern um Dinge richtig zu machen. Und selbst das olle Bällebad – eine überstrapazierte Metapher für eine superunkonventionelle Firmenkultur – steht bei uns nicht, weil wir so hip und flippig und anders sein wollen, sondern weil es uns ein Mitarbeiter bei seiner Abschiedsfeier reingestellt hat und wir es nicht übers Herz bringen, es einfach wegzuräumen. Außerdem freuen sich die Kinder von Mitarbeiter*innen und Kund*innen, wenn sie uns besuchen.

Ich habe über dieses Anderssein oft nachgedacht, weil der Kontrast zum Status quo natürlich Teil der Artikel und Interviews zu meiner Aufsichtsratsberufung war und ist. Da das Irgendwie-anders-Sein auch Teil meiner Vorbildrolle ist, finde ich das auch gar nicht weiter schlimm. Als mich im Dezember 2018 das Handelsblatt besucht, liest sich die szenische Einleitung unseres Gesprächs wie eine Parade der Hipsterklischees: Ich komme zu spät, parke schief ein, eile mit den Journalist*innen durch die Agentur, »vorbei an Plexiglas-Schaukeln aus den Siebzigern, Bällebad, bunten Bretterverschlägen, in die sich Kollegen mit Notebooks zurückziehen, Bürodackel Willy, Weihnachtsbaum, Getränkelager sowie diversen Rennrädern«.[1] Aber das stört mich nicht: So sieht's hier halt aus.

Diese oft betonte Andersartigkeit führt allerdings oft zu der Frage, warum jemand wie ich aus diesem etwas infantil-ungezwungenen Kontext nun plötzlich im seriösen Aufsichtsrat eines richtigen Konzerns sitzt. Meist schwingt dann auch gleich eine Antwort mit. So hatte man mir bis zu diesem Dezember 2018 die Frage, ob ich nur wegen der Frauenquote Aufsichtsrätin sei, mehrfach und in verschiedenen Variationen gestellt: vom sich neutral gebenden »Haben Sie eine Haltung zur Frauenquote?«[2] bis zum expliziten »Machen Sie sich Gedanken darüber, ob Sie nur gewählt wurden, weil

Sie eine Frau sind?«.[3] Und auch wenn mir bewusst war, dass die Quote bei meiner Wahl eine Rolle spielte, war ich doch verblüfft: War es denn wirklich undenkbar, dass ein Unternehmen sich aus freien Stücken und mit Blick auf inhaltliche Qualifikation für eine junge Frau aus einer Agentur voller Rennräder entschied? War es denn so absurd, dass ein Unternehmen eben nicht einfach wieder einen erfahrenen Industrie- oder Finanzmanager mit grauen Schläfen für diese Position gewählt hatte?

Insofern war es durchaus angenehm, in ebendieser Agentur voller Rennräder, an einem vorweihnachtlichen Stresstag, nach der freundlichen Begrüßung und noch etwas außer Atem, den Sonderfall »junge Frau im Aufsichtsrat« mal anders besprechen zu können: »Frau Kühne, jung, weiblich – als Aufsichtsrätin fallen Sie deutlich aus dem klassischen Besetzungsschema des erfahrenen Industrie- oder Finanzmanagers mit den grauen Schläfen heraus. Was können Sie, was die Herren nicht können?« Dem Handelsblatt vielen Dank für die Abwechslung. Ich lachte gelöst und antwortete wahrheitsgemäß, dass ich Digitalisierung, neue Geschäftsmodelle und Unternehmensberatung kann. Dass das die Herren nicht können, wollte ich damit natürlich nicht sagen. Woher sollte ich denn wissen, was die können? Die fragt ja keiner.

Bei aller Abwechslung betonte aber auch diese Frage des Handelsblatts den Ausnahmecharakter meiner Situation, die Besonderheit des Ganzen. Für den Fall, dass ich das vergessen hatte, wurde die nächste Frage deutlicher: »Fühlen Sie sich als Exotin?« Kein Wink mit dem Zaunpfahl, sondern ein Wurf. Uff.

Ich weiß, wie das klingen muss: Nette Leute machen sich

auf die Reise nach Berlin, kommen in mein Büro, warten geduldig meine Trödelei ab, bringen mich zum Lachen, interessieren sich für mich, schenken mir Aufmerksamkeit und Reichweite – und was mache ich? Schreibe ein Buch darüber, wie blöd ich ihre Fragen fand. Das aber ist nicht meine Absicht und nicht mein Punkt – das waren alles, jedes für sich, ausgezeichnete Gespräche. Kritische Fragen? Kein Problem. Unbequeme Fragen? Na klar. Es geht ja um ein Interview und nicht um Fränzis hauchzarte Schmeichelstunde. Immer wieder die gleichen Fragen? Hey, kein Ding, vielleicht ändert sich meine Meinung ja auch mal. Und zu guter Letzt ist mir natürlich bewusst, dass die meisten Interviewfragen nicht einfach nur ein Ausdruck persönlicher oder medialer Neugier sind, sondern mir eine Gelegenheit bieten, Standpunkte zu äußern und zu verbreiten. Ganz unironisch: Vielen Dank dafür!

Auch der Aufforderung, meine Qualifikation zu beschreiben, meine Aufstellung für eine Position fachlich zu rechtfertigen – zu zeigen, dass ich eben nicht nur da bin, weil ich eine Frau bin –, komme ich grundsätzlich gern nach. Die Skepsis gegenüber der Frauenquote ist nach wie vor groß, denn es herrscht eine gewisse Sorge, dass hier eine offenbar ansonsten weitverbreitete Leistungsgerechtigkeit ausgehebelt würde. Ich halte es erst einmal für einen klugen Zug, Bedenken konstruktiv auszuräumen, statt ihnen ihre Berechtigung rundheraus abzusprechen. Aber warum müssen junge Frauen diesen Beweis immer noch und immer wieder öffentlich erbringen, während beim älteren männlichen Aufsichtsrat, Vorstandschef, Geschäftsführer oder Bundesminister die Qualifikation offenbar schlicht vorausgesetzt wird? Frauen müssen beweisen, dass sie für eine Position qualifiziert sind, bei Männern scheint das Erreichen der Position schon Beweis genug. Was also können denn all diese erfolgreichen Männer, was junge Frauen nicht können?

So ein alter Harung, der hat Erfahrung! Der hat Erfahrung!

»Grundsätzlich nichts«, sagt Heiko Maas. »Ich versuche das, was ich kann, so gut, wie es geht, einzubringen, aber ich würde für mich gar nicht in Anspruch nehmen wollen, dass ich über Dinge verfüge, die junge Frauen nicht können.«

»Ganz deutlich: nichts«, sagt der Physikprofessor Frank-Peter Weiß. »Ich kann nichts, was eine Frau nicht könnte.«

»Viele können noch viel mehr!«, ruft Dr. Lars Hellmeyer, Chefarzt der Klinik für Geburtsmedizin und Gynäkologie am Vivantes-Klinikum Berlin. »Ganz klar!«

»Was junge Frauen nicht können?«, wiederholt der Rapper Bausa langsam, eh er nach einer langen Denkpause antwortet: »Ich kann mir 'n Bart wachsen lassen.«

»Frauen können viele Dinge, die ich nicht kann«, antwortet Gregor Gysi. »Frauen können zum Beispiel Kinder zur Welt bringen. Also den Anteil des Mannes an der Herstellung eines Kindes, den trägt nun wirklich die Katze auf dem Schwanz weg.«

»Des woas i gar ned«, schallt es von Helmut Thomas Medienlegendenseite der Telefonverbindung. »Junge Frauen können vieles, und ich dann dafür anderes.«

Nun ist bei keinem meiner Interviewpartner der altersmäßige Abstand zu jungen Frauen so groß wie bei Thoma.

Und so wird er spezifischer: »Die Erfahrung spricht natürlich schon dafür, die man einbringen kann. Die kann niemand einbringen, der sie nicht hat.«

Auch Rainer Esser, Jürgen Bornschein und Ole von Beust bringen vorsichtig ihre Erfahrung ins Spiel. »Erfahrung«, so von Beust, »die jüngere Leute nicht haben können. Ansonsten würde ich mir nicht anmaßen, besser oder schlechter als andere zu sein.« Und um zu vermeiden, dass der langjährige Erste Bürgermeister der Freien und Hansestadt Hamburg hier missverstanden werden könnte, wird er noch etwas deutlicher: »Ich habe schon immer die These vertreten, dass jeder und jede ein politisches Spitzenamt wahrnehmen kann. Das ist kein Hexenwerk. Das kann jeder für sich lernen. Und wenn man es lernt, dann kann man's, und wenn nicht, dann nicht.«

So einfach ist das. Das also antworten erfolgreiche Männer, wenn man sie fragt: »Was können Sie, was junge Frauen nicht können?« Sie können erst einmal nichts Bestimmtes und/oder sie haben Erfahrung. Ich bin doch ein wenig überrascht und nicht sicher, ob ich es hier mit Realismus oder Bescheidenheit zu tun habe. Vielleicht hätte ich die Frage nicht so explizit auf junge Frauen ausrichten sollen, sondern auf Frauen allgemein. Vielleicht wären die Antworten auch grundsätzlich anders ausgefallen, wenn nicht eine ebenfalls relativ junge Frau diese Frage gestellt hätte. Schließlich werden Interviews ja auch ganz enorm von der Konstellation der Gesprächspartner*innen geprägt, das weiß man doch. Nun, das wäre ein grundsätzliches Problem, mit dem wir in diesem Buch jetzt einfach leben müssten.

Dass aber tatsächlich niemand wenigstens ein bis zwei beeindruckende Fähigkeiten aufgezählt hat, macht mich an diesem Punkt etwas misstrauisch. Wenn es so einfach ist, zum Beispiel ein politisches Spitzenamt wahrzunehmen, warum gab es bislang noch nie eine Erste Bürgermeisterin der Freien und Hansestadt Hamburg? Warum waren 2017 überhaupt nur 8,2 % der deutschen Großstadtbürgermeister*innen weiblich?[4] Warum ist das Team von Dr. Hellmeyer zum allergrößten Teil weiblich, das Chefarztkollegium seines Klinikums jedoch deutlich männlich dominiert? Da muss es doch noch eine andere Antwort geben?

Es gibt noch eine andere Antwort

»Ich habe unbegrenzt Zeit«, sagt Holger Friedrich, ohne eine Sekunde zu zögern. »Ich kann frei priorisieren und kann meine Zeit komplett frei einteilen.« Ich treffe Holger Friedrich im Gebäude des Berliner Verlags, sehr erfreut darüber, nach wirklich vielen coronabedingten Videogesprächen mal wieder bei jemandem eingeladen zu sein. Das Büro ist, von Friedrichs eindrucksvollem Bart abgesehen, schmucklos, das Interview ist lebhaft und sehr angenehm. Dennoch ist unserem Gespräch an vielen Stellen anzumerken, dass Friedrichs jüngere Vergangenheit deutliche Spuren bei ihm hinterlassen hat. Da auch das zu den Umständen gehört, die ein Interview prägen, möchte ich an dieser Stelle kurz ausholen.

Der 1966 geborene Friedrich ist bis zum Sommer 2019 vor allem Unternehmer und Berater, innerhalb einer sehr definierten Szene wohlbekannt und äußerst erfolgreich, aber darüber hinaus nicht besonders exponiert. In den neunziger Jahren Mitgründer eines IT-Unternehmens, 2003 Verkauf an

SAP, danach über McKinsey und die Software AG zum eigenen Unternehmen, dem Tech-Think-Tank CORE. Gemeinsam mit seiner Frau Silke ist er außerdem an der Berlin Metropolitan School beteiligt, Besitzer des geschichtsträchtigen Berliner E-Werks und der historischen Villa Schwabacher am Berliner Wannsee. Außerdem sind die beiden Teil einer Familie mit drei Kindern im späten Teenageralter und den frühen Zwanzigern. So weit, so erfolgreich.

Dann kaufen die Friedrichs im Sommer 2019 den Berliner Verlag und also die Berliner Zeitung und lösen damit einen medialen Sturm aus, der im Grunde ein eigenes Buch rechtfertigt und deshalb hier nur kurz zusammengefasst werden soll. Die Empörung der deutschen Verlagsbranche über die wohlhabenden Quereinsteiger führt zu etlichen hochkritischen Medienberichten, in denen bestenfalls Skepsis, meist aber direkte Ablehnung zu lesen ist. Mit einem 10 000-Zeichen-Positionspapier versuchen die Friedrichs ihren Standpunkt zu definieren, stoßen aber erneut auf breite Ablehnung. Als dann Holger Friedrichs Tätigkeit als inoffizieller Mitarbeiter der Stasi, wirtschaftliche Interessenkonflikte und finanzielle Unregelmäßigkeiten bekannt werden, ist branchenweit der Böse klar identifiziert. Wie gesagt: Das ist ein weiteres Buch. Eines über Medienmacht, Medienverantwortung, die Verlagsbranche, die deutsche Wirtschaft, öffentliche Streitkultur, Public Shaming, noch immer schwelende Ost-West-Konflikte und etliches mehr.

Es überrascht nicht, dass auch unser oft sehr persönliches Gespräch gelegentlich Ursachen und Konsequenzen dieser Auseinandersetzungen streift. Vielleicht hätte Friedrich vor dem Sommer 2019 einige Fragen ganz anders beantwortet.

Doch an dieser Stelle ist seine Antwort kurz und eindeutig, und ich frage mich: Warum meint ausgerechnet dieser als Unternehmer, Investor, Verleger, Vater und schwarzes Schaf der deutschen Medienbranche deutlich vielbeschäftigte Mann, dass es die »unbegrenzte Zeit« sei, die ihn von jungen Frauen abhebt?

Friedrich holt kurz Luft, schaut zur Seite und sortiert seine Gedanken. Das Bemühen um eine klare Position ohne unnötige Angriffsflächen ist ihm deutlich anzumerken. »Eine junge Frau, insbesondere wenn sie in einer festen Partnerschaft lebt, die Familienplanung ansteht oder man tatsächlich miteinander Kinder bekommt, ist an dieser Stelle nicht frei wie ich als Mann.« Er schaut zu mir, zufrieden mit seiner Analyse: »Das ist der Unterschied. Ansonsten gibt es in den Rahmenbedingungen keinen mehr. Der Unterschied findet nach wie vor eher in den Köpfen statt.«

Holger Friedrich erkennt also tatsächlich einen grundsätzlichen, am Geschlecht festgemachten Unterschied, der mit der allgemeinen gesellschaftlichen Rolle der Frau als Zentrum der Familie verbunden ist. Er deutet gewisse Verpflichtungen an, die ihn als Mann nicht einengen. Ich schiebe also die nächste Frage aus dem Fragebogen für erfolgreiche Männer hinterher: »Machen Sie sich Gedanken darüber, ob Sie es nur so weit geschafft haben, weil Sie ein Mann sind?« Friedrich überlegt kurz, lacht dann auf, als hätte ich ihn tatsächlich auf ein bislang nur im Privaten gepflegtes Hobby angesprochen: »Regelmäßig, ja. Ich wäre nicht so weit gekommen, wenn ich nicht irgendwann meine Frau getroffen hätte. Ich wäre relativ weit gekommen, aber ich wäre nicht so weit gekommen.« Mit Blick auf seine Antwort zur unbegrenzten Zeit und seine sonst sehr aufgeräumte Argumentation ist er in diesem Moment verblüffend kurz angebunden: »Also Sie machen sich oft Gedanken?« Er bejaht. Ich lasse das so stehen, gehe zur nächsten Frage über, doch er bremst mich noch einmal: »Wir haben zu Hause häufig die Diskussion, wer welche Aufgabe übernimmt. Und ich denke immer wieder darüber nach, dass eigentlich meine Frau viel smarter und nachhaltiger agiert als ich. Ich trete die Tür ein, aber sie sorgt dafür, dass eine Tür geöffnet wird. Ich bin schneller durch die Tür, aber hinterher ist mehr aufzuräumen. Wenn man das besser zueinanderbringen würde, würde man höchstwahrscheinlich schneller viel weiterkommen.«

Ich bin mir nicht ganz sicher, ob auch das eine Konsequenz der intensiven öffentlichen Auseinandersetzungen um ihn als Person ist, doch es ist eine in vielen Interviews mit Friedrich zu beobachtende Angewohnheit, sehr schnell vom Blick aufs große Ganze zur ganz individuellen Perspektive und zurück zu wechseln. Persönliche Beziehungen und Erfahrungen betrachtet er immer auch im Kontext und als Spiegel gesellschaftlicher Zustände und Dynamiken. Das wirkt oft reflektiert und ist erhellend, doch mitunter geht, wenn man ihm so ins Private folgt, die Beziehung zum Kontext verloren. So bricht er die recht allgemein angelegte Frage nach dem Karrierevorteil »Mann sein« zunächst aufs sehr Persönliche herunter, um dann Stück für Stück wieder allgemeiner zu werden. Denn ja, die männlich konnotierte Energie und die weiblich verstandene Smartness, die er hier beschreibt, sind eine exzellente und wirkungsstarke Kombination. Was ihn speziell oder die Welt im Allgemeinen aber daran hindert, beides besser zueinanderzubringen, lässt er unbeantwortet.

Was das alles für seine Karriere und seine Rolle als Mann bedeutet, wird an dieser Stelle nicht mehr klar.

Obendrein steht natürlich ein Widerspruch im Raum, wenn ausgerechnet der Mann mit unbegrenzter Zeit diese Zeit nicht im Sinne einer gewissen Smartness und Nachhaltigkeit einsetzen kann. Doch es ist nicht der erste Widerspruch in den Gesprächen mit erfolgreichen Männern, und es wird nicht der letzte bleiben. Es geht mir auch nicht darum, sie aufzulösen, sondern darum, sie sichtbar zu machen. Und dabei hilft es natürlich, wenn sich jemand wie Holger Friedrich sehr offen Gedanken macht – auch wenn und gerade weil er dabei Widersprüchliches produziert.

Wenn das Geschlecht (k)eine Rolle spielt

Gregor Gysi beantwortet die Frage nach dem geschlechtlichen Karrierevorteil ebenso direkt wie Holger Friedrich: »Auf jeden Fall hat es geholfen. Ganz klar.« Anders als Friedrich bezieht er sich dabei jedoch nicht auf seine persönliche Situation, sondern setzt sie – ganz Politiker – direkt in den gesellschaftlichen Kontext: »Männer haben es in bestimmter Hinsicht leichter als Frauen, nach wie vor, und zwar vor allen Dingen in der Hierarchie. Nicht beim Studium, das ist noch relativ gleichberechtigt. Aber wenn es aufwärtsgehen soll, dann haben es Frauen deutlich schwerer als Männer, nach wie vor. Wir sind schon ein Land, in dem wir mit der Gleichstellung der Geschlechter weiter sind als in vielen anderen Gesellschaften, aber noch lange nicht am Ziel.« Nun, da wir hier mit erfolgreichen Männern sprechen, sind Hierarchie und

Aufwärtsbewegung natürlich relevant. Wie viele der befragten Männer machen sich also noch Gedanken darüber, ob sie es nur so weit geschafft haben, weil sie Männer sind?

»Da mache ich mir keine Gedanken«, sagt Sternekoch Christian Rach. »Hab ich mich nie gefragt«, winkt Physikprofessor Frank-Peter Weiß ab. »Nein«, fasst sich Werbetexter Jean-Remy von Matt kurz. »Nein, da habe ich mir keine Gedanken gemacht«, sagt ZEIT-Geschäftsführer Rainer Esser. »Nein, ich glaube nicht – aber das wirkliche Durchdenken dieser Frage benötigt Zeit und beinhaltet viel Spekulation«, glaubt Prinz Pi alias Friedrich Kautz. Die überwältigende Mehrheit der Befragten macht sich entweder keine Gedanken darüber oder schließt direkt aus, es nur wegen ihres Mannseins so weit gebracht zu haben. »Ich will gar nicht abstreiten«, räumt Investor Frank Thelen ein, »dass man es als Mann in einigen Geschäftssituationen heute noch leichter hat, insbesondere im Vertrieb von technischen Produkten.« Doch der Erfolg von Gründerinnen wie Verena Pausder (Fox & Sheep) oder Lea-Sophie Cramer (Amorelie) würde doch zeigen: »Wenn man mit Passion bei der Sache ist und hart arbeitet, spielt das Geschlecht keine Rolle.«

Nun kann ja schlecht beides gleichzeitig stimmen – entweder hat man es als Mann leichter oder das Geschlecht spielt keine Rolle. Ich teile auch nicht Thelens Standpunkt, die Erfolgsgeschichten einzelner Frauen seien ein Beleg dafür, dass es keine strukturellen Ungerechtigkeiten gibt. Doch andererseits verstehe ich die überwiegend negativen Antworten auch gar nicht unbedingt als ein Leugnen dieser Ungerechtigkeiten. Letztlich ist das entscheidende Wort in dieser Frage das kleine Wörtchen »nur«. Es »nur« wegen seines Geschlechts so weit gebracht zu haben, würde sich und anderen wohl kaum jemand eingestehen – und ich würde es auch keinem Mann und keiner Frau unterstellen. Man müsste schon in sehr speziellen Branchen unterwegs sein, um es »nur« wegen seines Geschlechts weit zu bringen. Selbst in explizit geschlechtsteilfokussierten Industrien sind zum Beispiel Pünktlichkeit, Leistungsbereitschaft und eine gewisse soziale Kompetenz gern gesehen.

Aber entfernen wir uns noch einmal von der Gürtellinie. Da wir die meisten Interviews im Frühling 2020 und damit kontaktsperrenbedingt per Videochat führen, existieren wir sowieso alle nur vom Bauch an aufwärts. Das Gesicht ist klar im Fokus, und weil man nie gleichzeitig in die Kamera und auf den Bildschirm schauen kann, schaut man sich praktisch nie direkt in die Augen, entwickelt aber einen feinen Blick für Veränderungen im Gesichtsausdruck des anderen.

»Sind Sie mit meiner Antwort nicht zufrieden?«, fragt mich deshalb Christian Rach. »Das war das erste Mal, dass Sie so gestutzt haben.« Ich schaue ihn etwas verwirrt an, mir keiner besonderen Regung bewusst. Seine Antwort war kurz und klar, die Sache für mich erledigt. »Alles gut«, sage ich, »wenn Sie sich nie Gedanken darüber machen, gibt es ja gar nichts weiter zu sagen.« Rach sieht das anders und setzt zu einem längeren erklärenden Monolog an. Es sei immer eine der beliebtesten Fragen von Journalist*innen gewesen, führt er aus, warum es denn so wenig national oder gar international erfolgreiche Frauen in der Gastronomie gäbe. Er hätte darauf stets dieselbe Antwort gehabt: »Weil Frauen schlauer sind als Männer.«

Der Beruf des Chefkochs sei brutal, eine Wochenarbeitszeit

von 80 Stunden die Regel, erst recht in der gehobenen Gastronomie. »Es gibt kein Weihnachten, es gibt keine Geburtstage, es gibt keine Familienfeste. Immer dann, wenn die stattfinden, müssen Sie eigentlich arbeiten. Frauen sind dazu natürlich auch in der Lage, haben einen wunderbaren Geschmack, sind unglaublich kreativ. Aber die sind nicht so blöde, sich in diese Mühle hineinzubegeben und 80 Stunden für einen Appel und ein Ei zu arbeiten, wie Männer das sind. Männer haben da das Tarzan-Gefühl.« Rach plustert sich dramatisch auf, klopft sich auf die Brust. »Ich habe es geschafft! 80 Stunden! Ich bin zwar völlig platt, hänge an der Flasche und habe keine soziale Bindung mehr. Aber ich bin da! Ich habe es geschafft!« Er lehnt sich zurück, schüttelt den Kopf. »Völliger Quatsch! Eine völlige falsche Prägung, die da beim Mann stattfindet.« Rach führt noch ein wenig aus, wie sehr aber diese Prägung ein struktureller Teil der Gastronomie geworden ist und wie wenig Hoffnung er hat, dass die Einschränkungen der Corona-Krise auch bei den Arbeitgebern – »Ich sage bewusst nicht: Arbeitgeberinnen« – zu einem Umdenken führen. Sein Fazit: »Männer haben diesen Arbeitgebermarkt unglaublich geprägt, und zwar nicht immer zum Positiven, da wäre der weibliche Einfluss sehr wünschenswert.«

Christian Rach kennt seine Branche ausgesprochen gut. Während seines Studiums in Hamburg verdient der 1957 geborene Saarländer sein Geld zunächst als Kellner, findet dann jedoch Gefallen an der Arbeit in der Küche: »Wenn der Teller am Ende des Abends abgeleckt zurückkam, das war eine unglaublich direkte Anerkennung. Das ist bei mir bis heute so: Es geht eigentlich gar nicht um den Gehaltszettel am Monatsende oder um irgendwelche Auszeichnungen, sondern um das direkte Feedback.« Rach bleibt dabei und lernt dazu, arbeitet sich in Grenoble in die französische Küche und in Wien in die Klassik ein, eröffnet 1986 sein erstes und nicht letztes Restaurant und kann sich auch über einen Mangel an »irgendwelchen Auszeichnungen« nicht beklagen: Michelin-Stern, Gault-Millau-Punkte und schließlich auch Fernsehpreise, denn ab 2005 ist Rach in verschiedenen Formaten Teil des deutschen Fernsehprogramms. Er tritt als kulinarischer Experte, Branchenexperte, Koch und – seine wohl bekannteste Fernsehrolle – Restauranttester auf. Er ist Autor mehrerer Bücher, und er ist der erfolgreiche Mann, mit dem ich das längste Interview führe, denn Rach weiß nicht nur, wovon er spricht, er spricht auch gern davon. Er folge dem Kleist-Prinzip, warnt er mich zu Beginn des Interviews, der Verfertigung der Gedanken beim Reden. Das führt dazu, dass er selbst dann zum erklärenden Monolog neigt, wenn ihm zum Beispiel eine Frage zu Familie und Kindern eigentlich zu weit ins Private reicht. Ab und an geht ihm auch der Faden verloren, doch er ist sich nicht zu fein, dann auch um Kurskorrektur zu bitten: »Wie war die Frage?«

Rachs mäandernder Fluss der Gedanken birgt die Gefahr, dass er sein Gegenüber an den spannenden Einsichten und Informationen einfach vorbeiträgt. Doch Rachs Einschätzung der Strukturen und der Geschlechterverteilung in der Gastronomie ist kein nebenbei geformter Gedanke, sondern ein ihm wichtiges Thema. »Wir müssen am Bild der Führungskraft in der Gastronomie arbeiten, nicht nur an der Rollenverteilung. Wir brauchen Frauen, die bereit sind, in diese Wirtschaft einzusteigen, und wir müssen kreative Arbeitszeitmodelle schaffen, um das gleichberechtigt zu ermöglichen. Die

80-Stunden-Wochen müssen weg. Ich plädiere seit langem für eine Viertagewoche in der Gastronomie. Kein Koch, keine Köchin hat ein Problem damit, zehn Stunden am Tag zu arbeiten. Aber wenn man die 40 Stunden als Begrenzung nehmen würde, hätte man drei wunderbare Tage Zeit. Ob ich dann Fußball spiele, Kinder erziehe, die Oma versorge, einfach nur in der Sonne liege oder mich fortbilde, spielt keine Rolle. Wenn wir so ein Arbeitszeitmodell schaffen würden, würden wir auch die Möglichkeiten weiblicher Führung weitaus stärken.«

Ich muss an Holger Friedrich und die unbegrenzte Zeit denken: Eine 80-Stunden-Woche, egal wie blödsinnig sie sein mag, muss man sich auch erst einmal leisten können. Und hier haben offenbar Männer mit anscheinend unbegrenzter Zeit einen Arbeitsmarkt geprägt und Rahmenbedingungen geschaffen, die – um bei Friedrich zu bleiben – mit der gesellschaftlichen Rolle junger Frauen und den damit verbundenen Aufgaben überhaupt nicht vereinbar sind. Das ist aber erst einmal nur ein sehr grober Gedanke. Schließlich lässt sich aus den O-Tönen zweier erfolgreicher Männer noch keine gesamtgesellschaftliche Tendenz ableiten. Außerdem ist eine 80-Stunden-Branche doch sicher eindeutig die Ausnahme und nicht repräsentativ, oder?

Ein Blick auf Arbeitszeiten, Arbeitsmodelle und Führungsquoten

Die kurze Antwort: Ja, eine 80-Stunden-Branche ist eindeutig die Ausnahme. Die lange Antwort ist lang. Laut einer im März 2020 veröffentlichten Erhebung des Statistischen Bundesamtes[5] lag die durchschnittliche Wochenarbeitszeit bei Vollzeitbeschäftigten im Jahr 2018 bei 41,4 Stunden. Dabei wies das verarbeitende Gewerbe mit 40,3 Stunden den niedrigsten Durchschnittswert auf, Land- und Forstwirtschaft und Fischerei mit 48,8 Stunden den höchsten. Die durchschnittlichen Wochenarbeitszeiten von Männern und Frauen in Vollzeit lagen bei 41,9 bzw. 40,2 Stunden – ein Unterschied, aber kein atemberaubender. Allerdings waren von rund 30 Millionen Erwerbstätigen in Vollzeit knapp zwei Drittel Männer. Von den rund 11,6 Millionen Erwerbstätigen in Teilzeit dagegen waren etwa vier Fünftel Frauen.

Von zwei auffälligen Ausnahmen abgesehen – dem Segment »Öffentliche Verwaltung, Verteidigung; Sozialversicherung, Erziehung und Unterricht; Gesundheits- und Sozialwesen« mit rund 3,6 Millionen Frauen gegenüber rund 560 000 Männern in Vollzeit und dem Segment »Sonstige Dienstleistungen« mit 737 000 Frauen und 176 000 Männern –, zog sich dieses Motiv durch alle Branchen. Es gab immer mehr Männer als Frauen in Vollzeit und es gab immer mehr Frauen als Männer in Teilzeit. Selbst im Baugewerbe mit seinem deutlichen Männerüberhang – 92 % der Vollzeitbeschäftigten waren hier Männer – waren von 337 000 Teilzeitbeschäftigten 57,3 % Frauen. Der Vollständigkeit halber seien hier noch Vollzeit- und Teilzeitbeschäftigte nach Geschlecht addiert: Alle Erwerbstätigen zusammengenommen standen rund 22,3 Millionen Männer rund 19,4 Millionen Frauen gegenüber – kein Verhältnis, das für sich allein die Vollzeit-Teilzeit-Quote erklärt.

Schauen wir noch einmal in den im letzten Kapitel erwähnten Bericht »Leider nichts Neues auf den Führungsetagen« des Instituts für Arbeitsmarkt- und Berufsforschung[6]. Hier wird der Frauenanteil auf der ersten Führungsebene branchenübergreifend mit 26 % beziffert. »Nun gut«, meldet sich da ein Freund einfacher Schlussfolgerungen in meinem Hinterkopf, »da haben wir's ja: Es gibt insgesamt mehr männliche Beschäftigte, die außerdem mehr Stunden und zum größeren Teil in Vollzeit arbeiten – also gibt es auch mehr männliche Führungskräfte. Ende der Diskussion, oder?« Nun, zum einen erklärt keine dieser Statistiken, warum der Frauenanteil bei den Teilzeitbeschäftigten so hoch ist, und zum anderen lassen sich die nur 26 % Frauen auf der ersten Führungsebene auch nicht einfach aus den anderen Zahlen und Verhältnissen ableiten.

Ist es die Prägung, die Suche nach dem Tarzan-Gefühl, die Männer hier überwiegend in Vollzeitjobs in Führungspositionen treibt? Sind es branchenspezifische äußere Umstände, die ein Ungleichgewicht bedingen und Männer zu besseren Führungskandidaten machen? Oder liegt es an den Frauen selbst, an ihren Fähigkeiten, ihrem Desinteresse oder ihrer Sorge davor, sich auch in Branchen ohne 80-Stunden-Knochenjobtradition zu verschleißen? Stehen sich die Frauen nur selbst im Weg?

ES GIBT MÄNNER, DIE SAGEN, FRAUEN STÜNDEN SICH AM MEISTEN SELBST IM WEG. IST DA WAS DRAN?

»In Anbetracht der Ungleichbehandlung und der Ungleichheiten, mit denen wir es da zu tun haben, kann das nur ein erster kleiner Schritt gewesen sein.«

Heiko Maas über die von Manuela Schwesig und ihm eingeführte gesetzliche Frauenquote für Aufsichtsräte

Dass es in vielen Bereichen der Arbeitswelt eine mal subtile, mal sehr deutliche Benachteiligung von Frauen gibt, wird meiner Erfahrung nach nur noch in sehr speziellen Kreisen und bei eher unangenehmer Musik angezweifelt. Weit weniger Einigkeit herrscht jedoch, wenn es um die Gründe für diese Benachteiligung geht und damit auch darum, wo denn anzusetzen sei, um sie abzubauen. Als Frau und weibliche Führungskraft – und damit als Expertin für Frauenkarrieren – wurde ich einige Male um eine Einschätzung gebeten. Im April 2016 etwa fragte mich das Junge-Karriere-Portal PR Career Center: »Glauben Sie, dass es für Frauen in Kommunikationsberufen leichter ist, Karriere zu machen, als in anderen Arbeitsfeldern oder Branchen, und wenn ja, woran liegt das?«[1] Ich verneinte: Auch in der Kommunikationsbranche mit ihrem relativ hohen Frauenanteil sah und sehe ich vor allem Männer in Führungspositionen. Im selben Interview folgte die Frage: »Haben Sie den Eindruck, dass es genug führungswilligen weiblichen Nachwuchs in der Kommunikation gibt, oder könnte man hier noch stärker motivieren, mehr Anreize schaffen oder Ähnliches?« Ich antwortete, dass es mehr ums Abbauen von Barrieren als ums Schaffen von Anreizen gehen sollte und dass Frauen zu oft das Gefühl gegeben werde, sie müssten sich zwischen Familie und Karriere entscheiden. Am Internationalen Frauentag 2019 dann erschien ein Gespräch mit mir in der WELT. Eine der Fragen, die mir die Journalistin stellte, war: »Es gibt Frauen, die sagen, Frauen stünden sich am meisten selbst im Weg. Ist da was dran?«[2] Ich antwortete, dass es zwar das Klischee von den zögerlichen Frauen gibt, ich aber eher typenspezifische, individuelle Unterschiede feststelle als geschlechtsspezifische. Es gibt schließlich kein Frauenmonopol auf »sich im Weg stehen«. Drei Fragen, bei deren Beantwortung ich eigentlich auch keine abschließenden Erklärungen gegeben habe. Vielleicht können erfolgreiche Männer sie ja viel besser beantworten?

Wollen Frauen gar nicht führen?

Ich habe nicht jedem meiner Gesprächspartner die Frage »Glauben Sie, dass es in Ihrem Berufsfeld für Männer leichter ist, Karriere zu machen?« direkt gestellt. Manchmal hatten wir schlicht keine Zeit für alle Fragen, manchmal hatte ich das Gefühl, in anderen Antworten schon genug Hinweise auf eine gewisse Tendenz bekommen zu haben. Von den 14 Männern, denen ich diese Frage so stellte, antworteten sieben mit »ja«, vier mit »nein« und drei mit etwas detaillierteren Betrachtungen und Abwägungen. Ole von Beust etwa, der einst Politiker war und heute als Berater und Anwalt arbeitet, verneinte für Juristerei und die Unternehmensberatung, bejahte jedoch für die Politik. Für die Musikbranche bejahte Bosse und verneinte Bausa, für die Medizin oder doch zumindest die Gynäkologie bejahte Dr. Lars Hellmeyer. Für die allgemeine Wirtschaft tendierten der langjährige Siemens-Vorstand Joe Kaeser und der Konzernsprecher der Deutschen Bank, Jörg Eigendorf, zwar zu einem »Ja«, blieben letztlich jedoch etwas vage, und für die teils sehr unterschiedlichen Bereiche der Medienbranche bejahten Holger Friedrich und der Autor und Texter Peter Wittkamp, während der Texter Jean-Remy von Matt und der YouTuber und Musiker Fynn Kliemann verneinten. Kurz und knapp zusammengefasst: Ganz eindeutig ist die Antwortlage an dieser Stelle nicht.

Vielleicht verschafft die Frage nach dem führungswilligen weiblichen Nachwuchs in der Branche mehr Klarheit? Rainer Esser versucht die Ehrenrettung der Verlagsbranche: »Es gibt in der Medienbranche sehr viele Frauen. Kommunikation assoziiert man vielleicht ein bisschen mehr mit Frauen, und der Frauenanteil generell ist gut.« Er räumt jedoch auch ein: »Wenn es an die Führungspositionen geht, wird es auch ein bisschen rarer.« Für die physikalische Forschung wiederum stellt Frank-Peter Weiß fest, dass es besser wird: »Wir sehen mehr Frauen und auch mehr qualifizierte Frauen. Das ist eine Bereicherung für ein Team.« Doch auch er relativiert: »Wir hatten beispielsweise auch eine junge Chinesin, hochtalentiert, mit drei Kindern. Für die ist die Forschungslandschaft in Deutschland, besonders der Mangel an und die Art, wie permanente Stellen vergeben werden, absolut feindlich.« Dr. Lars

Hellmeyer sieht derweil eine positive Entwicklung darin, dass es immer mehr Medizinstudentinnen gibt und zugleich Teilzeitmodelle immer normaler werden: »Das wird sich ergeben.« Frank Thelen glaubt, dass es einfach mehr weibliche Vorbilder braucht, lässt jedoch zunächst offen, wie er deren Entwicklung begünstigt. Am Ende fehlen auch hier eindeutige Antworten.

Doch wenn erfolgreiche Männer jungen Frauen gar nicht viel voraushaben – von Erfahrung, Zeit und der Fähigkeit zum Bartwuchs abgesehen – und sich in den letzten Jahren auch tendenziell schwierige und »absolut feindliche« Berufsfelder geöffnet haben, kann es eigentlich nur noch an den Frauen selbst liegen. Stehen sie sich also doch einfach selbst im Weg?

An dieser Stelle hat Fynn Kliemann keine Lust mehr. Mehr als 20 Minuten lang hat er nun immer wieder das Korrektiv zu meinem hartnäckigen Männerfokus gespielt, hat gute Miene zu seiner wachsenden Verwirrung gemacht. Jetzt ist die Luft raus. Er dreht sich eine Zigarette, lacht ungläubig – »Was???« – und antwortet dann, als hätte ich ihm die dümmste Frage der Welt gestellt: »Nein!« Er bleibt grundsätzlich höflich, gibt sich aber keine Mühe mehr, seine Frustration zu verbergen: »Hä?« Er wartet ab, hat offenbar das Gefühl, dass ich noch mehr von ihm erwarte: »Ich weiß gar nicht, was ich dazu sagen soll.« Ich entgegne: »Ja. Das kenne ich.«

Auch wir sprechen per Videochat, ich in meinem Wohnzimmer, Fynn Kliemann bei strahlendem Sonnenschein auf seinem Hof in Niedersachsen, dem Kliemannsland. Er sitzt in einem Rollstuhl, der da halt so rumsteht, mit einem Smartphone, das er manchmal in der Hand hält, manchmal im

Schoß hat, manchmal auf dem Boden abstellt. Selbst sitzend wirkt er immer in Bewegung.

Das passt zu seiner gleichzeitig wahnsinnig unaufgeräumten und sehr konsequenten Vita: Aufgewachsen ist er auf dem Land, 1988 als Kind eines Sozialpädagogen und einer Sozialpädagogin geboren, in einem Haushalt mit zwei Geschwistern und wechselnden Pflegegeschwistern. »Das war ein wildes Zuhause, kann ich dir sagen.« Er gründet sehr jung seine erste Agentur, die gut läuft, wird mit DIY-Content auf YouTube bekannt, als Teil des öffentlich-rechtlichen Contentnetzwerks funk erfolgreich und macht heute im Grunde, was ihm interessant erscheint. Dabei findet er immer wieder Wege, Leute zu begeistern, Geschäfte aufzubauen und damit Geld zu verdienen, das er gleich wieder in neue Projekte steckt. Wenn man ihn nach seinem Beruf fragt, sagt er: »Ich bin Gründer. Ich jage Träumen hinterher. Ich habe einen großen Hof gegründet, ein Café, einen Buchverlag, ein Label, ganz viele verschiedene Start-ups und produziere Klamotten. Ein richtig buntes Leben.«

Zu Beginn der Corona-Krise 2020 haben ihn seine Klamottenfirma und die schnelle Umstellung auf die Produktion von Masken zwischenzeitlich zum größten Maskenproduzenten Europas gemacht – mit einem Haufen Herausforderungen in Bezug auf die Skalierung der Produktion und des Versandes, die Abstimmung mit Behörden und Partner*innen, die Einschränkungen und Kontaktsperren. Parallel veröffentlichte er einen Dokumentarfilm und ein Album. »Das war natürlich eine stramme Zeit.« Kliemann lebt in der niedersächsischen 250-Seelen-Gemeinde Rüspel, ist laut eigener Auskunft »seit 15 oder 20 Jahren« mit seiner Freundin zusammen und hat keine Kinderpläne. Für Dinge, die ihn von seinen eigenen Ideen ablenken und deren Sinn ihm nicht klar ist, hat er wenig Geduld. Im Moment gehören meine Fragen offensichtlich dazu.

Ich erlöse uns beide aus der unangenehmen Situation, indem ich ihn an das Konzept des Interviews erinnere: »Das sind alles Fragen, die mir so gestellt worden sind.« Seine leise Scham darüber, diesen Punkt vergessen zu haben, weicht schnell der Erleichterung, die Situation jetzt wieder besser zu durchschauen – die wiederum praktisch sofort der Empörung Platz macht: »Was zur Hölle. Wirklich? Da geht es nur um dieses Männer-Frauen-Ding, wenn du interviewt wirst?« Nun, meistens schon. »Das ist ja total traurig, Alter.« Sein Interesse ist wieder geweckt, doch seine Antwort auf die Frage, ob sich Frauen selbst im Weg stehen, bleibt knapp und eindeutig: »Nein.«

Von feigen Frauen und Männern, die sich trauen

Auch der langjährige Siemens-Chef Joe Kaeser will davon nichts hören: »Das auf Frauen zu münzen, ist Quatsch.« Der Deutsche-Bank-Konzernsprecher Jörg Eigendorf dagegen verneint erst, führt dann aber doch Ausnahmen von dieser Regel an: »Was ich feststelle, ist, dass Frauen selten Frauen fördern und manchmal sogar die größten Gegner anderer Frauen sind. Das ist schade.« Von der Konkurrenz zwischen Frauen als Problem spricht auch Holger Friedrich: »An dieser Stelle verschenken Frauen gerade im professionellen Umfeld viel Potenzial.« Und der Musiker Friedrich Kautz verweist auf wissenschaftliche Arbeiten, über die er gelesen hat: »Es ist belegt, dass Frauen teamfähiger sind als Männer. Das gilt wohl aber eher in Teams, wo sie mit Männern zusammenarbeiten. Sie tun sich wiederum tatsächlich schwerer, andere Frauen zu unterstützen oder mit ihnen zusammenzuarbeiten.«

Nun, dem würde ich zum einen meine persönliche Erfahrung entgegenhalten: Männer und Frauen nehmen sich da nicht sehr viel; auch das ist eher eine individuelle Typ- als eine Geschlechterfrage. Zum anderen gibt es auch wissenschaftliche Arbeiten, die Gegenteiliges behaupten. So stellten die Wirtschaftswissenschaftlerin Petra Dieken und der Wirtschaftswissenschaftler Simon Dato 2013 in einer Untersuchung zu »Gender differences in competition and sabotage« fest, dass Männer eher als Frauen dazu neigen, Wettbewerber zu sabotieren.[3] Doch das Klischee der missgünstigen Konkurrentinnen, es hält sich – gestützt durch einzelne persönliche Erfahrungen – hartnäckig, und es ist damit nicht das einzige.

»Frauen zweifeln stärker an sich selbst und haben weniger Vertrauen in die eigene Leistungsfähigkeit«, erklärt etwa Holger Friedrich. »Bei Männern wiederum ist es umgekehrt ausgeprägt. Zudem verstärkt sich dieser Effekt, weil Männer häufig, selbst wenn sie notwendige Fähigkeiten nicht nachweisen, darauf vertrauen, dass es irgendwie funktioniert.« Der Bauamtschef und frühere Lokalpolitiker Jürgen Bornschein wird deutlicher: »Sie sind eigentlich feige. Sie sind geprägt von Selbstzweifeln. Sie könnten es genauso gut wie ich, aber sie trauen sich einfach nicht.« Ole von Beust räumt ein, dass jedes Klischee erst einmal Käse ist, aber auch nach seiner Erfahrung sei da was dran: »Wenn da eine neue Aufgabe ist, neigen Männer eher dazu zu sagen: Ich mache das, ich will das, ich kriege das schon irgendwie hin. Ein Mangel an Selbstwertgefühl ist bei Männern seltener als bei Frauen, die oft große Zweifel haben und eher ablehnen, weil sie meinen, sie seien noch nicht so weit oder ihnen fehlten noch fachliche Fähigkeiten.«

Ich bin hin und her gerissen. Einerseits bin ich davon überzeugt, dass Klischees und Anekdoten noch keine ausreichende Erklärung liefern. Andererseits erinnere ich mich auch daran, warum ich 2017 das Angebot einer Aufsichtsratsposition angenommen habe: Um eben nicht zu zweifeln, um vielmehr zu zeigen, dass es keinen Grund für Zweifel gibt. Außerdem passt das Bild des männlichen Selbstvertrauens, das einige Männer hier zeichnen, zu ihren eigenen Antworten aus einem späteren Teil unserer Gespräche. Als es nämlich um die Karriere geht, frage ich sie so, wie man mich gefragt hat: »Wie haben Sie sich auf die Position des [entsprechende karrieredefinierende Position hier einfügen] vorbereitet?«

Jörg Eigendorf, der sich vor seinem Antritt als Konzernsprecher der Deutschen Bank ein umfassendes Fachtraining verpasste, ist der Einzige, der überhaupt von einer bewussten Vorbereitung spricht. Ansonsten hat sich keiner der befragten erfolgreichen Männer – vom Popstar in der Öffentlichkeit über den Physikprofessor und den Autor bis zum Bundesminister – gezielt auf karrieredefinierende Positionen und Rollen vorbereitet. Stattdessen verweisen sie zum Beispiel erneut auf ihre Erfahrung oder sprechen von plötzlichen Angeboten und engen Zeitkorridoren, die schnelle Karriereentscheidungen nötig gemacht hätten. Dabei fällt die Ähnlichkeit der Formulierungen auf: »Gar nicht« vorbereitet haben sich 10 von 20 Männern, und 6 von 20 sagen: »Man wächst

da rein.« Immerhin drei sprechen von »learning by doing«
und Ole von Beust benutzt gleich alle drei Formulierungen –
was im Einklang mit seiner Überzeugung steht, »jeder und
jede« könne ein politisches Spitzenamt annehmen.

Nehme ich nun all diese Antworten erfolgreicher Männer,
die Zahlen des statistischen Bundesamtes und meine eigenen
Erfahrungen zusammen, dann entsteht bei mir ein relativ klares Bild – nicht die absolute Wahrheit, nur mein persönlicher
Eindruck, aber eben ein klares Bild: In einer durch männliche
Prägungen und überwiegend männliche Vollzeitkräfte bestimmten Arbeitswelt können Männer eher neue Aufgaben
und Gelegenheiten wahrnehmen, weil sie Zeit haben und
eher darauf vertrauen, dass es schon klappen wird. Frauen
dagegen sind eher zögerlich, von sich und ihren Fähigkeiten
nicht überzeugt genug und durch ihre zentrale Rolle in der
Familie zeitlich deutlich mehr gebunden.

Wenn dieses Bild so weit stimmt, dann wundert mich gar
nicht, dass meine Interviewpartner nicht eindeutig bestätigen
können, dass es Männern in ihrem Umfeld leichter gemacht
wird. Wenn dieses Bild stimmt, muss es Männern nämlich
gar nicht bewusst und explizit leichter gemacht werden –
Männern bietet diese Arbeitswelt einfach in ihrem grundsätzlichen Sein eine Fülle an Vorteilen. Und auch wenn dieses
Phänomen von Branche zu Branche und von Unternehmen
zu Unternehmen unterschiedlich ausgeprägt ist, so leben und
arbeiten wir doch in einem sich stetig selbstverstärkenden
System: Dem stets selbstbewussten, stets verfügbaren und
deshalb total unkomplizierten Mann werden sich immer eher
Gelegenheiten, neue Aufgaben und Karrierechancen bieten
als der Frau, die – so munkelt man – eher an sich zweifelt und

vor allem bereits an andere Pflichten und Aufgaben gebunden ist. Dass sich dieses Muster von allein ändert, ist praktisch ausgeschlossen. Wer hier also – wie z. B. ich – einen Mangel an Gleichberechtigung feststellt und daran etwas ändern will, wird nicht darum herumkommen, intern nachzujustieren oder Eingriffe von außen zuzulassen.

So viele Möglichkeiten, Gleichberechtigung zu schaffen

Um mal eine wahrscheinlich wenig überraschende, aber deutliche Position zu beziehen: Ich bin der Meinung, dass Unternehmen und Arbeitgeber*innen Frauenkarrieren fördern und mehr tun sollten, um strukturelle Ungleichheiten zu beseitigen und Gleichberechtigung herzustellen. Die Verantwortung dafür sehe ich bei allen und zu jeder Zeit. Deshalb bin ich milde irritiert, wenn ich am Internationalen Frauentag als erfolgreiche Frau gefragt werde, an welchen Stellen ich ansetze, um mehr Gleichberechtigung zu schaffen.[4] Noch einmal: Bitte nicht falsch verstehen, das ist eine total gute Frage. Aber eben eine total gute Frage an jeden erfolgreichen Menschen und an jedem Tag. Und wenn es den Internationalen Frauentag als Anlass braucht, warum sie dann nicht erfolgreichen Männern stellen – den 74 % in der ersten Führungsebene, den Vorstandschefs und Verlagsleitern, den Popstars und Politikern, den Gründern und Gynäkologen, den Investoren und – ach, ich mach's einfach selbst. An welchen Stellen setzen Sie an, um mehr Gleichberechtigung zu schaffen?

»Wir achten bei uns im Team und bei unseren Portfolio-

Unternehmen auf Gleichberechtigung und dulden keine Diskriminierung, was glücklicherweise aber auch noch nie Thema gewesen ist«, schreibt mir Frank Thelen etwas vage. »Zudem unterstütze ich Formate wie den Plan-W-Kongress der Süddeutschen Zeitung.«

Holger Friedrich, der ja auch in erster Linie Unternehmer und erst in zweiter Linie Verlagschef ist, setzt auf Rahmenbedingungen, die Familie und Karriere besser vereinbar machen: »Familienplanung ist eine Determinante, die einfach in den Geschäftsablauf eingebaut werden muss. Es gibt nichts Wichtigeres auf dieser Welt, als dass Kinder geboren werden und entsprechend kultiviert groß werden. Und darauf muss man Rücksicht nehmen.« Er beziffert auch, wie sich das im Portfolio niederschlägt: »Von allen Firmen, die wir verantworten, ist das Verhältnis von Führungskräften 60 % Frauen, 40 % Männer.«

Frank-Peter Weiß ist nicht nur Nuklearphysiker, er war auch langjähriger technisch-wissenschaftlicher Geschäftsführer der Gesellschaft für Anlagen- und Reaktorsicherheit. Auch für ihn lag dort ein wichtiger Fokus auf Vereinbarkeit: »Wir hatten dort beispielsweise ein großes Programm, um Frauen zu uns zu holen und ihnen das berufliche Leben zu erleichtern – mit Kinderzimmer und Stillzimmer und, und, und, und.« Als Direktor des Forschungszentrums Rossendorf in den neunziger Jahren handelte er noch weitsichtiger: »In der Forschung im Zentrum in Rossendorf wurde noch zu meiner Zeit ein Tutoring-Programm aufgelegt, um junge Frauen später in Führungspositionen zu bringen. Die Frauen wurden beispielsweise von ihrem Abteilungsleiter bei der fachlichen Arbeit eng betreut und in die Führungsaufgaben eingearbeitet, um die Leitung der Abteilung übernehmen zu können. Das fand ich wirklich gut.«

Dieses Modell hat auch Rainer Esser in seiner Arbeit bei der ZEIT etabliert: »Ich hatte immer eine Assistentin. Und aus dieser Assistentin wurde dann irgendwann später immer eine größere Führungskraft. Ich habe bewusst immer eine Frau genommen, denn als ich kam, war die ZEIT total männerdominiert. Das kann man nicht von heute auf morgen ändern, das muss wachsen. Deshalb hatte ich immer eine Assistentin, und die ist dann in Führungs- und Leitungspositionen gewachsen.«

Auch Siemens setzt Joe Kaeser zufolge auf bewusste Entwicklung und Förderung – und auf Diversität über das Geschlechterverhältnis hinaus: »Wir setzen auf die Entwicklung der jungen Menschen im Unternehmen, auf faire Chancen unabhängig von Herkunft, Geschlecht, Hintergrund. Es ist mir ganz wichtig, das auch vorzuleben. Das merkt auch das Unternehmen. Wenn ich sehe, was wir heute in der Pipeline haben an Führungsnachwuchs, der nicht nur männlich und deutsch ist, dann lässt das auf einiges hoffen.«

Das ist eine Antwort, die zu einem Vorstandsvorsitzenden passt: ein wenig werblich, grundsätzlich fortschrittlich, relativ unkonkret. Ähnlich formulieren aber auch andere Befragte: Für Gleichberechtigung setzen sie sich durch einen offenen Geist und allgemeine Unvoreingenommenheit in der täglichen Arbeit ein. Gregor Gysi etwa sagt ganz allgemein: »Immer dann, wenn ich etwas Ungerechtes feststelle. Wo ich sage: Das geht nicht, das ist nicht hinnehmbar.«

Vielleicht noch am konkretesten wird Jörg Eigendorf: »Ich selbst frage mich bei jeder Position, die besetzt werden muss, wie es um unsere Diversität bestellt ist. Die Zahl der weiblichen Führungskräfte hat sich in der Kommunikation in den vergangenen Jahren stark erhöht. Insgesamt achten wir bei der Deutschen Bank inzwischen sehr auf Frauenförderung. Es gibt Netzwerke, es gibt interne Quoten.« Dabei versteht das Unternehmen Diversität aber nicht nur als Frage der Geschlechterverhältnisse, sondern umfassend, auch auf kulturelle Hintergründe, Herkunft, sexuelle Orientierung bezogen. »Wir sind ein globaler Konzern. Diversität hilft, besser zu entscheiden, und sorgt dafür, dass nicht immer die Gleichen mit dem gleichen Denken die gleichen Entscheidungen treffen.«

In Dr. Lars Hellmeyers Zielvereinbarung ist festgeschrieben, »dass ich eine gewisse Frauenquote erfüllen soll. Was nicht schwierig ist, wenn Sie bei 24 Köpfen zwei Männer haben. Was die Frauenheilkunde betrifft, brauchen Sie eigentlich eher einen Männerbeauftragten: Die Krankenschwestern sind Frauen, die Hebammen sind Frauen, es gibt fast nur Ärztinnen, und die Patientinnen sind Frauen.« Mit diesem extrem hohen Frauenanteil ist sein Bereich jedoch eher die Ausnahme im Klinikalltag, und ab einer gewissen Führungsebene kehrt sich das Verhältnis um. Wie er schon bejahte: Es fällt Männern leichter, Karriere zu machen.

Haben Sie gemerkt, was der Konzernsprecher und der Chefarzt gemeinsam haben?

Beide haben das Q-Wort gesagt.

Die verbindliche Frauenquote als Instrument für Geschlechtergerechtigkeit

»Viele Jahre wurde diskutiert und debattiert. Doch viel zu wenig ist passiert. Jetzt ist Schluss mit freiwilligen Vereinbarungen.« Im März 2014 präsentierten die damalige Familienministerin Manuela Schwesig und der damalige Justizminister Heiko Maas die Leitlinien für ein Gesetzesvorhaben zur Frauenquote in Aufsichtsräten. »Wir werden das Gesetz für mehr Frauen in Führungspositionen auf den Weg bringen.«[5] Die Verpflichtung von mehr als 100 börsennotierten Unternehmen zu einer Frauenquote von mindestens 30 % für Aufsichtsräte wurde 2015 verabschiedet und gilt seit dem 1. Januar 2016. Sie geht bis heute vielen zu weit, weil sie in die unternehmerische Handlungsfreiheit eingreift, und vielen nicht weit genug, weil die beabsichtigte Wirkung auf die Geschlechterverhältnisse in Vorständen und Führungspositionen bislang auf sich warten lässt.

Im Gespräch im Mai 2020 gibt sich Heiko Maas zu gleichen Teilen stolz und realistisch: »Wenn man mich fragen würde, was sind denn so Sachen, die du gemacht hast und die dir ganz besonders wichtig sind, dann ist das sicherlich einer der Punkte gewesen. Dafür muss sich niemand bedanken – allenfalls muss man sich dafür entschuldigen, dass es erst so spät passiert ist. Und ehrlich gesagt: Es ist ja die gesetzliche Frauenquote auch nur in den Aufsichtsräten. Das, was darunterliegt, die Vorstandsetagen, und das, was wir dort an Leitvorgaben gemacht haben, an die sich zu wenige halten, ist ein noch mal viel größerer Bereich.«

Ich war selbst lange gegen eine verbindliche Frauenquote. Ich hielt sie – und halte sie in Teilen noch immer – für einen unerhörten Eingriff in mein unternehmerisches Handeln. Außerdem war meine Agentur in Sachen Geschlechtergerechtigkeit hervorragend aufgestellt – im Team, in den Gehältern, auf der Führungsebene. Es ging doch also auch ohne Zwang. Doch je näher ich die deutsche Wirtschaft, die Konzerne und den Mittelstand, die Führungs- und Entscheidungsgremien kennenlernte, desto offensichtlicher wurde es, dass es eben nicht »einfach so« passieren würde. Nicht nur, dass mir überall Männer begegneten, manche bestanden auch darauf, unter sich zu bleiben. Mehr als einmal mussten wir als Agentur männliche Juniorkräfte anstelle der weiblichen Führungskraft Präsentationen halten lassen, weil der Kunde darauf bestand oder deutlich empfahl, einen Mann vor das Entscheidungsgremium zu stellen. Gut, wenn man es sich leisten kann, auf solche Kunden zu verzichten. Besser, wenn man es schafft, solche unternehmerischen Parallelgesellschaften aufzubrechen.

Natürlich wurde ich oft nach meiner Meinung zu einer gesetzlich verordneten Frauenquote gefragt. Kurz und knapp: Ich halte sie für ein essenzielles Instrument zur Herstellung von Geschlechtergerechtigkeit und zur Beschleunigung der zähen Veränderungsprozesse in der deutschen Wirtschaft. Idealerweise setzt man sie in der Wirtschaft im mittleren Management ein, um dort die Spitzenkräfte von morgen auszubilden. Denn je organischer der Wandel gestaltet wird, desto nachhaltiger wird er wirken, und desto schneller kann man eine künstliche Quotierung wieder abschaffen.

Selbstverständlich habe ich auch die erfolgreichen Männer

nach ihrer Meinung zur verbindlichen Frauenquote gefragt, zunächst ganz binär: dafür oder dagegen? Elf von zweiundzwanzig Männern sprechen sich dafür aus, sechs dagegen. Fünf wägen laut das Für und Wider ab, ohne sich abschließend zu positionieren.

Die Befürworter sehen die Quote vor allem als Instrument, um die traditionellen, sich selbst kopierenden Männerzirkel aufzubrechen. Damit würde zum einen die Geschlechtergerechtigkeit gefördert, zum anderen die kognitive Vielfalt und damit die Handlungsfähigkeit der Unternehmen. »Es ist halt meine Erfahrung«, sagt Rainer Esser, »dass Typen gerne Typen einstellen, die so ähnlich aussehen wie sie, an ähnlichen Stellen lachen und ansonsten auch so sind wie sie selbst. Das bringt ein Unternehmen nicht voran.«

Das sieht einhorn-Gründer Waldemar Zeiler ganz ähnlich: »Es ist eben nicht so, als wären die ganzen Männer da oben, weil sie alle superbegabt sind. Die sind da hochgekommen aufgrund der Systeme.«

Ole von Beust sieht die Politik gefordert, in ihren Strukturen eine gesellschaftliche Normalität abzubilden, zu der eben auch ein ausgewogenes Geschlechterverhältnis gehört: »Wenn man in Länder sieht, wo etwa die CDU unglaublich wenige Kandidatinnen und keine Frauen in Führungspositionen hat, dann braucht es eine Zeitlang eine Quote, bis es sich normalisiert hat. Um diese Normalität zu schaffen, einen großen Anteil an Frauen zu haben, bin ich inzwischen für eine Quote. Früher war ich eher dagegen, aber wenn es nicht hilft, muss man es eben machen.«

In diesem latenten Widerwillen sind sich viele Befürworter der Quote ebenso einig wie darin, dass die Quote eine befristete Lösung sein muss. »Ja, um Parität durchzusetzen. Danach eher nein, denn die führende Dimension sollte Kompetenz sein«, meint etwa Holger Friedrich. »In dem Moment, wo wir die Gleichstellung der Geschlechter wirklich erreicht haben, kann man das aufgeben«, entgegnet Gregor Gysi den Quotenskeptikern.

Etwas grundsätzlicher und systemischer denkt Joe Kaeser: »Wenn man es selbst nicht schafft, dann muss vielleicht der Gesetzgeber doch ein bisschen helfen. Ich war früher auch ein Gegner der Quote. Der Gedanke war: Nur weil man eine Quote erfüllen muss, nimmt man jemanden, der gar nicht qualifiziert ist? Dabei wäre die Frage doch eigentlich gewesen: Was mache ich, damit ich Frauen in einem frühen Stadium der Entwicklung so führen kann, dass sie nicht nur Quoten erfüllen, sondern den entsprechenden Beitrag leisten?« Ich fühle mich in diesem Augenblick sehr verstanden, denn wäre diese Frage schon früher öfter gestellt und beantwortet worden, wäre die Quotendiskussion völlig überflüssig. Da das aber größtenteils nicht geschehen ist, kann die Quote das Instrument sein, das Antworten einfordert. Wer sie nur als »Da muss jetzt halt 'ne Frau hin« versteht, hat nichts verstanden.

Joe Kaeser ist noch nicht fertig: »Vielleicht ist es ja doch so, dass weiße alte Männer ein unconscious bias haben. Und deshalb finde ich es gut, dass wir ehrlich mit dem Thema umgehen. Auch mit der Frage nach einer Quote. Aber die Frage ist eben dann auch: Kuriert man damit an den Symptomen oder geht man besser an den root cause und beschäftigt sich mit der Frage, wie können wir den Frauen, wenn man so will, nicht nur rechtlich, sondern auch inhaltlich gleichberechtigt die Möglichkeit geben, sich zu entfalten? Wir diskutieren nicht ausreichend darüber, was gemacht werden muss, damit diese Freiräume entstehen. Und wer sich damit nicht gut genug auseinandersetzt, der findet auch keine guten Lösungen. Außerdem ist es sehr wichtig, dass wir auch denjenigen besser zuhören, die es angeht: den Frauen.«

Die verbindliche Frauenquote als Instrument gegen Leistungsgerechtigkeit

Diese Diskussion und dieses Zuhören, so meine persönliche vorwurfsvolle Behauptung, werden jedoch verhindert, wenn Frauenquoten per se abgelehnt werden. Der Diskurs dazu, warum es eine Frauenquote bräuchte, wird dadurch abgewürgt, dass das Instrument als solches diskreditiert wird. Das Hauptargument der Gegner einer verbindlichen Quote begegnet mir auch in den Gesprächen mit erfolgreichen Männern immer wieder, sowohl bei den Gegnern als auch bei den Unentschlossenen: Die Quote verstoße gegen das Leistungsprinzip und die Leistungsgerechtigkeit.

»Ich glaube an Talent, nicht an erzwungene Quoten«, sagt Rapper Bausa. »Ich bin dafür, dass Menschen ausschließlich nach ihrem Können und nicht ihrem Geschlecht bewertet werden«, schreibt Frank Thelen. »Es gilt halt eher Leistung oder generelle Eignung«, schnarrt Helmut Thoma aus dem Telefon. Rainer Esser ist für eine Quote in Aufsichtsräten, doch in den Vorständen, sagt er, sei es »etwas schwieriger. Im Vorstand geht es um ausreichende Qualifikation«. Frank-Peter Weiß verweist auf schlechte Erfahrungen mit inkompetenten Frauen in quotierten Positionen, und Dr. Lars Hellmeyer lobt zwar gemischte Teams und bedauert die männliche Dominanz unter den klinischen Führungskräften, doch »eine Quote ist ein Problem, weil es nach Leistung gehen sollte«.

Vielleicht fehlt es mir an Logik, aber ich verstehe diesen Gedankengang einfach nicht. Wir sprechen über Männerrollen und Geschlechtergerechtigkeit, über strukturelle Probleme und – gerade mit Dr. Hellmeyer zum Beispiel – darüber, dass es Männern einfacher gemacht wird. Wo ist denn da die Leistungsgerechtigkeit, die eine Quote schmälern könnte? Oder um die Gespräche noch einmal zusammenzufassen: Wenn Männer die Märkte prägen, auf denen sich ihnen mitunter kurzfristige Gelegenheiten ergeben, auf die sie sich gar nicht vorbereiten können, in die sie aber schon hineinwachsen werden, während Frauen weniger Zeit haben und selbst im Rahmen von Gleichstellungsmaßnahmen der Fokus meist auf der Vereinbarkeit von Karriere und Familie liegt – ihnen also auch an dieser Stelle suggeriert wird, dass ihr Platz bei der Familie ist: Kann man da von einem reinen, gerechten Leistungsprinzip sprechen?

»Lieber einen guten Mann als eine schlechte Frau«, kürzt Jürgen Bornschein all diese Gedankengänge ab. »Aber auch umgedreht: Lieber eine gute Frau als einen schlechten Mann.« Bornschein ist Leiter des Hochbauamts des Bezirks Pankow, Mitglied der CDU, Vater des TLGG-Mitgründers Christoph Bornschein. Wir kennen uns gut, was ihn sicher auch ein bisschen offener macht. Mich wiederum bringt das hier in einem Frühstückscafé im Prenzlauer Berg mitunter in Bedrängnis. Wenn Bornschein vom großen Frauenanteil im öffentlichen Dienst spricht und davon, dass ihm unter all diesen Frauen mitunter das »männliche Korrektiv« fehlt, sitzt mir mitunter

schon eher ein Männerklischee als ein guter Bekannter gegenüber.

Jürgen Bornschein wird 1960 in Gera geboren, wächst im
ländlichen Thüringen auf. Er absolviert eine Ausbildung zum
Heizungsmonteur, studiert Versorgungstechnik in Erfurt,
dann führt ihn sein Weg nach Berlin. Hier bleibt er, als Sohn
einer dörflich geprägten Gegend, zunächst unter Vorbehalt:
»Die ersten fünf Jahre in Berlin hättest du mich fragen können, da hätte ich nachts den Koffer gepackt und wäre nach
Hause gefahren. Das hat lange gedauert, bis ich wusste, ich
gehe nicht wieder zurück. Das war doch ein Prozess.«

Zur Wendezeit arbeitet Bornschein an der Bauakademie der
DDR, macht sich 1990 direkt mit einem Planungsbüro selb-
ständig, landet 1996 dann in der Berliner Verwaltung. Die
CDU, in der Bornschein seit 1987 Mitglied ist, führt ihn bei
der Abgeordnetenhauswahl auf der Bezirksliste für Pankow.
Bornschein wird Abgeordneter im vorerst letzten CDU-dominierten Landesparlament Berlins. 2001 zerbricht die Große
Koalition auf Landesebene am Berliner Bankenskandal. Der
Rekordbürgermeister Diepgen stürzt, bei der vorgezogenen
Wahl erfährt die CDU herbe Verluste, die Bornschein aber
nicht direkt betreffen: Nach Absprache mit seiner Frau kandi-
diert er sowieso nicht mehr. »Aufhören ist blöd«, sagt er, »aber
ich habe das süße Gift der Freizeit entdeckt.« Bornschein ist
noch immer verheiratet und hat zwei erwachsene Söhne.

Die knapp zwei Jahre im Abgeordnetenhaus haben bei ihm
verschiedene Eindrücke hinterlassen. Einer davon: »Ich habe
in meiner politischen Arbeit viele Frauen kennengelernt. Die
haben sich, wenn sie keine fundierten Kenntnisse hatten, immer vorbereitet und belesen, während Männer in Ausschüs-

sen immer klüger wurden, je länger der Ausschuss ging. Und dann kommt dieses Gockel-Gehabe: Man muss auch was sagen, auch wenn man keine Ahnung hat. Das war nicht so schön. Aber so sind sie halt. Und wir werden es auch nicht mehr ändern.«

Wer das Leistungsprinzip in dieser Form arbeiten sieht, kommt mitunter zu überraschenden Schlüssen: »Ich bin gegen die Frauenquote«, sagt Jürgen Bornschein entschlossen. »Aber ich glaube, wir werden nicht um sie herumkommen, um alte weiße Männer davon zu überzeugen, dass nur Anzug tragen noch keine Kompetenz darstellt.«

VERRATEN SIE UNS,
WAS SIE IN IHREM KOFFER HABEN?

*»Am Tag seines Amtsantritts trägt Thomas Meyer einen
feinen Anzug in Königsblau. Er steht ihm ausgezeichnet;
er betont seinen muskulösen Körperbau und seine
großen, blauen Augen. Er strahlt Eleganz aus. In den
gespannten Gesichtern seiner Zuschauer liest man die
unausgesprochene Frage: Wie ist es ihm gelungen,
es an die Spitze eines Weltkonzerns zu schaffen?«*

Fiktives Unternehmerporträt aus der Studie »Die Ausnahme, die
Rabenmutter, die Kämpferin« von Hering Schuppener[1]

»Ey, lass mal den Fasching durch!« Im schnoddrigen Ton-
fall Urberliner Herzlichkeit fordert ein Mann einen anderen
dazu auf, für den Fasching Platz zu machen. Es ist ungefähr
das Jahr 2006, und der Fasching, das bin ich. Ich bin jung,
ich bin Jurastudentin, ich bin äußerst farbenfroh und kreativ
gekleidet. Über meinen Studentenjob im Catering bin ich in
eine Teamleitungsposition gekommen und verdiene da recht
gutes Geld – mit dem mein Studienfreund Christoph Bornschein und ich säckeweise Klamotten in der Berliner Kasta-
nienallee kaufen. Ein großer Spaß, der uns verbindet. Wenn
ich heute Bilder von uns sehe, dann muss ich uns durchaus
Geschmack attestieren. Katastrophalen Geschmack nämlich.

Aber wir fühlen uns cool, »Fasching« ist für mich ein Kompliment, ich will verkörpern, wie wir uns fühlen: sorglos und unbeschwert, ohne jeden Hauch von Krise oder Verzweiflung einfach durchs Leben laufend. Es geht nicht um Aufmerksamkeit um jeden Preis. Es geht darum, so zu sein, wie wir sind.

»Warum sollte ich mich verkleiden?« ist die Titelzeile des ersten Interviews, das nach meiner Wahl zur Aufsichtsrätin 2017 erscheint.[2] Am Abend vor und am Morgen nach der freenet-Hauptversammlung geführt, geht es direkt zum Einstieg darum, was in meinem Koffer ist und was ich zur Hauptversammlung anziehe. Ich habe mich nach viel Beratung im Freundeskreis für eine etwas gedecktere, vielleicht sogar elegante Variante dessen entschieden, was ich eben trage: schwarze Jeans, schwarzes Oberteil, Chucks. »Das entspricht nicht gerade dem Klischee einer Aufsichtsrätin«, informiert mich meine Interviewpartnerin. Ich bin mir gar nicht sicher, was das Klischee einer Aufsichtsrätin ist. Ich muss an Perlenohrringe denken. Kann sich in einem Bereich, in dem nach sehr langer Diskussion gerade erst eine verpflichtende Frauenquote von 30 % eingeführt wurde, überhaupt schon ein Klischee entwickelt haben?

»Die Unternehmerin und Gründerin einer Digital-Agentur, die mit 34 die jüngste Frau in einem Aufsichtsrat war und die lieber Jeans und Sneakers statt Businesskostüm und strenge Mundwinkel trägt, wäre nicht so weit gekommen, wenn sie sich nicht authentisch als Marke im digitalen Umfeld positioniert hätte«, heißt es im Januar 2020 über mich. Eine Agenturgründerin erwähnt mich im Düsseldorfer Wirtschaftsmagazin VIVID als Beispiel für »authentische Persönlichkeitsmarken«.[3] Ein Kompliment, keine Frage und vielen

Dank, aber es fühlt sich genauso seltsam an wie die Vorstellung, in ein Businesskostüm zu schlüpfen. Ich bin doch keine Marke, ich zieh doch nur was an.

Wie wichtig ein Personal Branding sei und welche Rolle mein Aussehen dabei spiele, fragt der Stern im Januar 2019.[4] Ob es der Personal Brand Fränzi Kühne helfe, dass sie anders aussieht als andere Aufsichtsräte, fragt der PR Report kurz darauf.[5] Gut, spätestens seitdem es der Kommunikationswissenschaftler Paul Watzlawik als Axiom formuliert hat, wissen wir: Man kann nicht nicht kommunizieren. Und dementsprechend kann man es auch nicht vermeiden, als Person in der Öffentlichkeit auch zu einer Marke zu werden – selbst dann, wenn man sich aktiv dagegen wehrt. Vielleicht gerade dann. Ich hatte nur einfach gedacht, den Fokus auf die Frisur, die Kleidung, das Äußere und die Mutmaßungen darüber, was ich damit sagen und nicht sagen will, mit meiner Zeit als Fasching hinter mir gelassen zu haben. Ich trage Kleidung, die mir gefällt, wähle Marken bewusst aus, unterhalte mich auch mit Gründer*innen und anderen Frauen über Mode und Accessoires. Insbesondere Taschen, die auf Kurzreisen praktisch und im Business-Kontext dennoch elegant genug sind, sind hier gelegentlich Thema. Aber meine Zeiten des lauten »Hier-bin-ich-und-hier-ist-mein-Lebensgefühl«-Stils sind vorerst einfach vorbei.

Doch der Fokus auf das Äußere, gerade bei Frauen und erst recht bei erfolgreichen Frauen, ist bewährte Tradition. Das hat nicht mit mir angefangen und wird wohl auch nicht mit mir aufhören. Angela Merkels Hosenanzüge, Maja Göpels Blusen, Birgit Schrowanges graue Haare. Als der FOCUS 2009 anlässlich des Prozessauftaktes zur sogenannten »Gigolo-Affäre« die Unternehmerin Susanne Klatten porträtiert, lauten die ersten fünf Worte: »Sie hat ihre Frisur verändert.«[6] Als die WirtschaftsWoche 2019 über den Führungsstil der neuen SAP-Chefin Jennifer Morgan schreibt, eröffnet der Artikel mit: »Das Kleid mit den großen roten Rosen auf schwarzem Grund hat die neue Frau an der Spitze von SAP an diesem Nachmittag ganz bewusst gewählt.«[7] Ganz bewusst und zum wiederholten Male übrigens, weil sie Arianna Huffingtons #repeats-Stilprinzip folgte. Das wiederholte Tragen von Kleidung, in der sich Frauen wohlfühlen, soll laut Huffington die Frauen vom Fashion-Druck entlasten und das Thema Kleidung aus dem Fokus nehmen. Im Fall Jennifer Morgan jedoch hat dieser Schritt ihr Kleid zum Aufhänger der Geschichte gemacht.

Die erfolgreiche Frau ist offenbar auch dann, wenn es tatsächlich um Fach- und Sachthemen wie ihren Führungsstil geht, unvollkommen und nackt, wenn sie nicht durch die Beschreibung angezogen wird, und unfrisiert, wenn ihr niemand medial das Haar richtet. Beim erfolgreichen Mann ist das Aussehen nur sehr selten Thema – meist dann, wenn er von klassischen Standards abweicht und wie mein Mitgründer Christoph Bornschein mit wirrem Haar, Hoodie und Turnschuhen Vorträge vor Vorständen hält oder wie Kai Diekmann mit Bart und Hoodie aus dem Silicon-Valley-Bildungsurlaub zurückkehrt. Ansonsten werden Männer über ihren Erfolg und ihre Position definiert. Frauen darüber, dass sie Frauen sind, die nun zu Erfolg und Positionen gekommen sind. »Vielen Männern ist in der Berichterstattung eine ideale Politiker-, Manager- und Wissenschaftlermännlichkeit auf den Leib geschrieben, Profession und Männlichkeit verschmelzen in der medialen Charakterisierung. Bei der attribuierten Weiblichkeit ist der professionelle Status hingegen nachgeordnet oder unsichtbar.« So beschreiben es 2008 vier Berliner und Lüneburger Forscherinnen in der Studie »Spitzenfrauen im Fokus der Medien«.[8] »Bei den Frauen«, so stellen sie fest, »findet sich in der Berichterstattung eine größere sprachliche Differenziertheit und Vielfalt, wenn über die Körper und die Einkleidungen der Frauen berichtet wird.«

Zwölf Jahre später, im März 2020, veröffentlicht die Kommunikationsberatung Hering Schuppener eine ähnliche Studie mit ähnlichen Ergebnissen. In »Die Ausnahme, die Rabenmutter, die Kämpferin« analysiert das Autor*innenteam 850 Presseartikel großer deutscher Tageszeitungen und Wirtschaftsmedien in Bezug auf die Darstellung männlicher und weiblicher Führungskräfte. Eine ihrer Erkenntnisse: Während das Erscheinungsbild der Männer durchaus auch Thema ist, wird es bei Frauen ausführlicher beschrieben. »Dementsprechend nimmt das Erscheinungsbild von Frauen 30 % mehr Raum ein als bei Männern.«[9] Offenbar hat sich seit 2008 wenig grundsätzlich geändert, es gibt nur mehr Online-Synonymwörterbücher.

Ergänzend zu den Studienergebnissen sprechen die Autor*innen der Studie mit sechs erfolgreichen Frauen über ihre mediale Darstellung, darunter Janina Kugel, Unternehmensberaterin und ehemaliges Siemens-Vorstandsmitglied, die mit den bislang medial verstärkten Strömungen eher unzufrieden ist: »Die Berichterstattung über Frauen fällt oft deutlich wertender aus als die über Männer. Bei Frauen wird nicht nur über die Leistung im jeweiligen Verantwortungsbereich geurteilt, sondern auch über die Persönlichkeit. Auch das Äußere wird immer wieder bewertet. Mir fällt nur ein einziger Mann ein, über dessen Aussehen und dessen Anzüge ständig geschrieben wird, und das ist Heiko Maas.«[10]

Können Sie beschreiben, was Sie gerade anhaben?

Im Januar 2016 veröffentlicht das Männermagazin GQ eine Liste der 100 bestangezogenen Männer Deutschlands. In der Rangliste finden sich praktisch alle Lebensbereiche, finden sich Jan Delay und Mario Götze, Trompeter und Tatort-Schauspieler, Models und Maler. Und ganz oben, als einziger Politiker in den Top Ten, steht Heiko Maas. »Merkels modischster Minister« nennt ihn die BILD.

Es ist ein interessantes Indiz für die Lautstärke des damaligen Presseechos, dass man die ursprüngliche Liste heute kaum noch im Internet findet, dafür aber von jedem großen Medium mindestens einen Artikel zu Maas' Spitzenplatz – berichtend, anerkennend, hämisch, huldvoll. Auch das Konzept meines Interviews zwingt mich praktisch dazu, ihn darauf anzusprechen: »Sie wurden wiederholt zum bestangezogenen Politiker...« Er unterbricht mich sofort: »Das stimmt nicht!« Ich verweise auf die vielen Artikel dazu. Er korrigiert, sehr höflich, aber milde genervt: »Das war ein Mal. Da ist zwar zigfach drüber geschrieben worden, aber diesen vermaledeiten Award habe ich nur einmal bekommen.« Maas dreht sich ein wenig in seinem Schreibtischstuhl hin und her. Jetzt hat er doch ein sibyllinisches Lächeln auf den Lippen, das hinter der leichten Genervtheit über das späte Echo dieser Auszeichnung dann doch einen leisen Stolz vermuten lässt: »Es hält sich allerdings, wie man sieht, relativ lange.«

Es ist nicht der erste Superlativ in Maas' Karriere. 1966 in Saarlouis geboren, wächst er im Saarland auf. Nach dem Wehrdienst wird er Produktionshelfer bei den Ford-Werken, entschließt sich dann für ein Jurastudium, das er 1996 erfolgreich beendet. Irgendwo zwischen Fließband und Staatsexamen tritt er 1989 der SPD bei, wird 1992 Vorsitzender der saarländischen Jusos, 1996 Staatssekretär im Umweltministerium, 1998 Umweltminister – der damals jüngste deutsche Minister. 2003, 2009 und 2012 versucht Maas als SPD-Spitzenkandidat den CDU-dominierten saarländischen Landtag zu erobern. 2003, 2009 und 2012 verfehlt die SPD den Sieg.

2013 dann bietet Sigmar Gabriel Maas überraschend das Amt des Bundesministers der Justiz und für Verbraucherschutz an. Maas akzeptiert und zieht mit seiner Frau Corinna und den beiden gemeinsamen Söhnen nach Potsdam. Anfang 2016 trennen sich die Eheleute einvernehmlich und in Freundschaft, Heiko Maas und die Schauspielerin Natalie Wörner machen ihre Beziehung offiziell. Erneut ist das Medienecho groß. Von Merkels modischstem Minister zur »heiklen Affäre von Glamour und Politik« (BILD) in 44 Tagen. Seit 2017 ist Heiko Maas Bundesminister des Auswärtigen im Kabinett Merkel IV.

Im Mai 2020 nun sind wir per Video verbunden. Unser Gespräch ließ sich überraschend schnell vereinbaren, die Corona-Krise hat nicht zuletzt auch die Reisepläne und Terminkalender der internationalen Diplomatie über den Haufen geworfen. »Ich habe seit mehreren Wochen kein Flugzeug mehr von innen gesehen. Es finden einfach keine

Reisen mehr statt, was für Außenpolitik schwierig ist. Die lebt auch vom persönlichen Kontakt.« In einer frühen Phase der Corona-Krise war Maas' Ministerium damit beschäftigt, deutsche Urlauber*innen und Geschäftsreisende zurück ins Land zu holen. »In der Zeit, in der wir die ganzen Touristen zurückgeholt haben, kam ich mir vor wie der Chef des noch einzigen offenen Reisebüros in Deutschland, und jetzt wollen alle von mir wissen, ob sie wieder in den Urlaub fahren können. Aber ich bin eigentlich Außenminister. Die Krisen dieser Welt stehen nicht still – im Gegenteil. Ich sitze in den Startlöchern, um mich auch wieder im persönlichen Gespräch mit meinen Kolleginnen und Kollegen darum zu kümmern. Ich freue mich auf die Zeit, wenn nicht mehr nur alle von mir wissen wollen, wo sie im Urlaub hinfahren können.«

Da komme ich ja zur rechten Zeit, denn ich möchte mit ihm über sein Äußeres sprechen. »Verraten Sie mir, was in Ihrem Koffer ist?« ist derzeit keine sehr spannende Frage – es kann ja eh niemand reisen. Aber da wir uns in diesen Tagen alle über Computer- und Smartphonebildschirme unterhalten, die uns immer nur einen Ausschnitt der anderen Person liefern, bitte ich ihn und alle anderen erfolgreichen Männer, mir zu beschreiben, was sie gerade anhaben. Die Reaktion ist fast immer die gleiche: Kurze Irritation, kurzer Blick an sich hinab, dann die freundliche Aufzählung. »Ich habe einen Pullover, ein Hemd, eine Jeans und ...«, Maas rollt mit seinem Stuhl zurück, hält die Füße Richtung Kamera, »... Turnschuhe an. Sozusagen die normale Verwahrlosung eines Ministers im Zusammenhang mit Social Distancing. Ich gehe eher so ins Büro, wie ich normalerweise zu Hause rumlaufe, weil ich sowieso den ganzen Tag immer nur als Oberkörper in Videokonferenzen zu sehen bin. Ich sehe also relativ *casual* aus im Moment.« Ich muss lachen, weil es ihm wohl wichtig ist, mir zu zeigen, dass es unterhalb des Bildschirms nicht allzu *casual* wird. Maas rollt wieder an den Schreibtisch, ich habe noch eine Frage.

Die Frage, ob ich schon einmal wegen meiner optischen Attribute befördert wurde oder ob sie für meine Karriere förderlich waren, ist nie in einem offiziellen Interview erschienen. Aber sie wurde mir gestellt, und die Fragen nach der »Marke Fränzi Kühne« klingen in meinen Ohren sehr ähnlich. Deshalb kommen die optischen Attribute nun in jedem Interview vor – und ich muss gestehen, dass mir die Frage jedes Mal wieder Spaß macht, weil die meisten Gesprächspartner – über alle Alters- und Berufsgruppen hinweg – einen Moment lang wirklich verdutzt sind.

Nur Heiko Maas reagiert auf die Frage nach seinen optischen Attributen routiniert und ministerial: »Ich weiß, dass sie ein Thema sind, waren und schrecklicherweise auch bleiben. Ich glaube, dass sie mir mehr Ärger bereitet haben, als dass sie mir geholfen haben, weil ich auch das erlebt habe, was viele Frauen erlebt haben: dass die Art und Weise, wie man sich kleidet oder wie man aussieht, zu einem Thema wird, völlig unabhängig davon, was man tut. Und das ist eine Erfahrung gewesen, die ich als nicht sehr angenehm empfunden habe, die mir aber sehr klar gemacht hat, womit Frauen noch deutlich mehr zu kämpfen haben.«

So weit also der einzige Mann, über dessen Aussehen und dessen Anzüge ständig geschrieben wird. Wie ist es denn um die optischen Attribute anderer erfolgreicher Männer bestellt?

Haben Ihre optischen Attribute Ihre Karriere beeinflusst?

»Sie meinen, weil ich so schön bin?«, Gregor Gysi (Anzug, T-Shirt) lacht. »Das hält sich, glaube ich, in Grenzen.«

Auch Peter Wittkamp (Jeans, blauer Pullover, Sneaker) muss lachen: »Ich glaube nicht.«

Jean-Remy von Matt (Jeans mit vielen Löchern, Lieblingsshirt von Mey Bodywear, schwarze Blousonjacke) kann es sich nicht vorstellen.

Rainer Esser (rosa Hemd, helle Sommerhose) wüsste nicht, welche Attribute da eine Rolle spielen könnten.

Axel Bosse (Turnschuhe, Wollsocken, Mathelehrer-Cordhose, ein militärgrünes asiatisches Oberteil, ein Hemd mit dem Schriftzug »Hawaii«): »Ich bezweifle, dass mein Aussehen irgendwas damit zu tun hat, welche Leute warum und wie viel meine Musik hören.«

Frank Thelen (Poloshirt, Jeans und Sneaker) schreibt kurz und knapp: »Nein.«

Jürgen Bornschein (Anzug) schaut ein Sekündchen nachdenklich nach oben, als würde er ein paar Schlüsselmomente kurz neu bewerten, bevor er abwinkt: »Nee. So schön bin ich nicht.«

Frank-Peter Weiß (legere Schuhe, khakifarbene Hose, gestreiftes Hemd und Pulli) stockt kurz, wiederholt stumm die Frage, muss lachen: »Das wäre ja total nach hinten losgegangen und unter Mitleid zu verbuchen gewesen.«

14 von 20 Männern, die ich gefragt habe, verneinen. Bosse zupft an seiner Cordhose: »Wenn man ein schönes Mädchen

oder ein schöner Junge ist, dann ist das wirklich toll. Gratulation an Allah, Buddha und Gott und an die Eltern, die hatten einen guten Tag. Aber wenn man dann eine absolute Luftpumpe ist, kann einem das nur bedingt helfen. Was am Ende bleibt, ist das, was berührt und bewegt.«

Luftpumpe hin oder her, immerhin 5 von 20 schließen nicht aus, dass die Optik geholfen hat. So spricht Dr. Lars Hellmeyer (Sneaker, weiße Socken, weißer Arztkittel) von einem »gewissen Sympathiefaktor«, den er wohl hat und der ihm zumindest widergespiegelt worden sei. Waldemar Zeiler (bewusst etwas legerer und provokanter) erinnert sich daran, in seiner frühen Beraterkarriere eher beraterkonform ausgesehen zu haben: »Ein Thomas stellt gern einen Thomas ein. Ich sah vielleicht früher mehr aus wie ein Thomas.« Bausa (Same-Color-T-Shirt, Off-white-Hose, schwarze Chucks) nähert sich der Antwort langsam an: »Weiß ich nicht, kann ich selbst nicht genau sagen, aber es ist bestimmt auch ein Vorteil, dass ich nicht komplett hässlich bin.« Er pausiert, es scheint ihm noch nicht klar genug: »Ich habe viele Frauen auf den Konzerten, auf jeden Fall.«

»Es gibt einen indirekten Zusammenhang«, relativiert Gregor Gysi seine zunächst ablehnende Antwort: »Dadurch, dass ich etwas kurz geraten bin, muss ich immer in der ersten Reihe stehen, sonst sehe ich ja nüscht. Und ich muss lauter sein, sonst kriegt mich ja keiner mit. Das darf man nicht unterschätzen, so etwas prägt auch den Charakter.«

Vielleicht haben tatsächlich die 1,64 m Gysis lauten Erste-Reihe-Charakter geprägt. Dann wiederum ist es vielleicht die eher durchschnittliche Körpergröße, die Ole von Beust (dunkelblaue Jeans, blau-weiß kariertes Hemd, blaues Sakko, blaue

Wildlederschuhe) so, mit Verlaub, durchschnittlich und anschlussfähig hat wirken lassen. »Es ist häufig gesagt worden«, beantwortet er die Frage nach der Optik, »dass ich wie der typische Hanseat wirke und dass das für die Wahlen zuträglich gewesen sei.« Tatsächlich entspricht Ole von Beust ziemlich genau auch meinem Bild von einem typischen Hanseaten: die Stimmlage, die Art zu reden, das Gesicht, die blonden Haare, die meist kurzen und präzisen Antworten, sogar der Name. Von Beust sieht das nicht ganz so: »Ich glaube, ich bin es gar nicht mal, aber ich wirke anscheinend so, und das scheint sich positiv ausgewirkt zu haben.«

Wenn er sich auch nicht als typischen Hanseaten sieht, so ist er doch »durch und durch Norddeutscher«. Seine Mutter kommt aus Mecklenburg, sein Vater aus Lübeck, Ole von Beust wird 1955 als jüngster von drei Söhnen geboren. Sein in meinen Ohren so hanseatischer Vorname ist sein Spitzname aus Kindertagen, den er mit 18 standesamtlich eintragen lässt. Von Beusts Vater ist 26 Jahre lang Bezirksamtsleiter im Hamburger Bezirk Wandsbek, er selbst wird mit 16 Mitglied der CDU, ab 1978 sitzt er im hamburgischen Landesparlament, der Bürgerschaft. 1997 stellt ihn die CDU erstmals als Bürgermeisterkandidaten auf, 2001 gelingt es ihm und der CDU, eine Koalition aufzustellen, die nach 54 Jahren die SPD-Hoheit über Hamburg beendet.

Der Preis dafür ist hoch: Die CDU koaliert mit der Partei Rechtsstaatliche Offensive des umstrittenen rechtskonservativen Richters und späteren »Promis-unter-Palmen«-Verlierers Ronald Schill. Nach nur zwei Jahren zerbricht die Koalition unter anderem daran, dass Schill von Beust droht, ihn als homosexuell zu outen. Der Bürgermeister entlässt Schill,

bekennt sich öffentlich zu seiner Homosexualität, ruft Neu-
wahlen aus. Die CDU holt mit einem rein auf den typischen
Hanseaten zugeschnittenen Wahlkampf erstmals die absolute Mehrheit in Hamburg. 2008 wird von Beust ein drittes
Mal gewählt, 2010 gibt er amtsmüde seinen Rücktritt bekannt. Seit der Neuwahl im Februar 2011 wird Hamburg wieder SPD-regiert. Der typische Hanseat macht sich als Rechtsanwalt und Unternehmensberater selbständig.

Heute sitzt von Beust in seinem Büro in Hamburg. Es ist
ein freundliches, aber etwas seltsames Interview. Da Kamera
und Videobildschirm voneinander getrennt sind, schaut
Beust die ganze Zeit über zur Seite: die extreme Variante des
typischen Videokonferenz-Silberblicks. Ist das mehrheitlich
blaue Ensemble, das er da trägt, sein Standard-Outfit? »Nein«,
richtet er das Wort an jemanden, der irgendwo links von ihm
steht, »das ist immer unterschiedlich. Ich habe nachher noch
einen Termin, einen offiziellen Termin mit Kunden, die ich
nur zum Teil kenne, und da habe ich mir ein Sakko angezogen, weil das ein bisschen seriöser wirkt. Es gibt bestimmte
offizielle Dinge, wo ich einen Anzug trage, mal mit, mal ohne
Krawatte. Wenn ich aber nur im Büro bin, entweder mit
Kunden, die ich gut kenne, oder wir unter uns sind, trage ich
eigentlich nur Jeans und offenes Hemd.« Das ist – vielleicht
abgesehen vom offenen Hemd – eine relativ unspektakuläre
Antwort. Findet er auch, aber: »Was wollen Sie sonst tragen?
Kurze Hosen? Dafür sind meine Beine zu hässlich.« Er wird
grundsätzlicher: »Als Mann können Sie entweder wählen, ob
Jeans oder Anzug, mit oder ohne Schlips. Die Variationsbreite
hält sich in Grenzen.«

Das könnte, denke ich, ein Hinweis darauf sein, warum

sich auch das beschreibende Vokabular in Grenzen hält, wenn es ums Äußere männlicher Führungskräfte geht. Die etablierten Kleidungscodes mächtiger Männer in Politik und Wirtschaft lassen nicht viel Spielraum zu.

Die Codes und die Standards

Aber ich rede ja nicht nur mit Männern aus Politik und Wirtschaft – und Prinz Pi alias Friedrich Kautz (heute ganz leger, Bootsschuhe, grüne Shorts, Pullover) ist tatsächlich der Einzige, der rundheraus bejaht, dass optische Attribute eine große Rolle spielen und seine Rolle als Musiker auch definieren: »Wenn du Musiker bist, ist dein Aussehen sehr wichtig für die Identifikation. Es gibt natürlich Kunstfiguren wie Lady Gaga oder Michael Jackson, die sind ein Spektakel, da wollen die Leute gar nicht, dass die so aussehen wie sie selbst. Aber bei vielen Musikern funktioniert es einfach darüber, dass sich die Leute denken: Guck mal, der sieht eigentlich genauso aus wie ich. Ich kann zu dem *relaten*, weil er mir so ähnlich ist.«

Mit seiner eigenen auf unspektakuläre Coolness setzenden Textilmarke »Keine Liebe« hat Kautz diese *relatability* sogar zu einem Geschäft gemacht. Er verkauft, was er auch tragen würde, an seine Fans, die sowieso tragen, was er auch tragen würde. Es ist schon ziemlich clever: Die Kleidung wird gerade dadurch, dass sie kein großes Thema ist, ein attraktives Produkt. Tatsächlich wirkt Kautz in seinem Auftreten, gerade auf der Bühne, fast schon offensiv normal – wie jemand, der sehr sorgfältig die Sachen auswählt, in denen er dann aussieht,

als wäre er einfach aus dem Alltag auf die Festivalbühne ge-
stolpert.

Ich frage mich, bei welcher Frau das ähnlich funktioniert,
aber mir fällt kaum eine erfolgreiche Frau ein, bei der die Kleidung wirklich keine Rolle spielt. Irgendwie wird das, was man
mehr oder weniger bedacht aus dem Kleiderschrank holt, für
den Betrachter ein wichtiger Teil der weiblichen Identität.
Selbst bei einer locker-elegant auftretenden und nicht eben
für opulente Extravaganz bekannten Künstlerin wie Judith
Holofernes kommt kaum ein Text über sie ohne Blumenkleid,
Leopardenmuster, Regenjacke oder Leggings aus.

Als Prinz Pi ist Kautz an dieser Stelle auch deshalb spannend, weil er eher ein Mainstream-Pop-Thema ist, aber eng
an der Schnittstelle zum deutschen Rap positioniert, wo wiederum eine eigene Modekultur zelebriert wird. Gerade der
aktuelle deutsche Rap ist in seinen Texten, in seinen Videos,
in seinem Auftreten sehr marken- und luxusorientiert. Prinz
Pi sieht sich dabei aber eher als Beobachter: »Die Marken,
die man trägt, und der materielle Wert, den die darstellen«,
erklärt Kautz, »sind sehr, sehr wichtig für bestimmte Ziel-
gruppen.«

»Mein T-Shirt ist nicht von einer Marke«, widerspricht dagegen Bausa dem Rap-Klischee, räumt aber ein: »Marken sind
in Videos wichtig oder allgemein im Rap. Aber mir persönlich
nicht so krass wie anderen.« Im Video zu seinem bislang erfolgreichsten Stück, »Was du Liebe nennst«, lässt sich Bausa
beim Verprassen der 40 000 Euro Produktionsbudget filmen:
eine Rolex, ein Goldring, eine Tour auf dem Golfplatz, ein
Luxushotelzimmer, ein Flug nach Paris. Die Kamera fängt
ihn kurz vor den Schaufenstern von Gucci und Louis Vuitton

ein, um dann abzublenden: »Ist nicht Bausas Style«, sagt der Text im Bild. Schnitt auf den Rapper in einem Späti, zwischen Getränkekühlschränken und Bierkästen: »Das schon eher.« Das Spiel mit den Codes, es ist kompliziert. Aber es fällt eben doch auf, dass an keiner Stelle Geld für Kleidung ausgegeben wird. Nicht einmal eine frische Unterhose hat er sich gekauft.

Axel Bosse hat an alldem überhaupt kein Interesse: »Weil es mir einfach so egal und lästig ist. Ich bin nicht so gerne in Fußgängerzonen und im Netz unterwegs und gucke mir an, was ich jetzt als Nächstes anziehe. Ich habe andere Sachen zu tun.« Das bedeutet, das aktuelle Ensemble aus Turnschuhen, Wollsocken, Mathelehrer-Cordhose, Oberteil und Hemd mit dem Schriftzug »Hawaii« ist sein Standard-Outfit? »Das ist mein Standard-Outfit. Bei mir ist immer Standard.«

»Ich ziehe mich immer ungefähr gleich an«, schreibt mir auch Jean-Remy von Matt. Und auch Holger Friedrich (kräftige britische Schuhe, Hose aus England, Pullover aus England, T-Shirt aus Italien) bezeichnet sein heutiges Ensemble als sein Standard-Outfit.

»Das ist bei mir auch Faulheit«, so Peter Wittkamp. »Man muss nicht groß nachdenken. Man kann immer ein Sakko anziehen, und wenn man dann noch edlere Schuhe anzieht, dann hat man ein Abend-Outfit, und wenn man wieder Sneaker anzieht, hat man ein normales Alltags-Outfit. Das ist sehr einfach.«

Je höher meine Gesprächspartner in der wirtschaftlichen oder politischen Hierarchie stehen, desto wichtiger scheint es ihnen, diese Zweiteilung zu betonen: Zum Interview und im Alltag sind sie schon eher locker gekleidet, zu gewissen

Anlässen wird es deutlich formeller. Da darf es dann auch etwas aufwendiger sein als bei Wittkamp. Auch bei Frank-Peter Weiß, Nuklearphysiker im Ruhestand, der es aber nicht an der Hierarchie, sondern am Alter festmacht: »Ich gehöre ja noch zur Pinguingeneration«, erklärt er mir. »Wenn ich Dienstliches vorhabe, dann Sakko und Hose oder Anzug, Krawatte, weißes Hemd. Immer Button-down, immer.« Ist das auch Standard in seinem Umfeld? Weiß rümpft die Nase: »Nee, gar nicht. Es hat zugenommen, dass die Leute schlecht gekleidet sind. Mit Birkenstock-Latschen und kurzen Hosen und Schlabberpulli oder Kapuzenpulli geht's zur Arbeit. Gelegentlich habe ich Mitarbeiter, beispielsweise bei Promotionsverteidigungen, auf ihre unangemessene Kleidung hinweisen müssen.«

Dass das, was Weiß als »schlecht gekleidet« empfindet, aber wiederum eigenen Codes folgen kann, erläutert Kautz: »Früher, als ich 15 oder 16 war, war ich auf Demos und bei der Antifa. Und selbst in dieser den Konsum ablehnenden Szene wird genau ausgelesen, wie deine Doc-Martens-Stiefel aussehen und wie du deine Schnürsenkel gebunden hast. Selbst diese Leute haben Codes in ihrer Kleidung, die für sie wichtig sind.« Er zeichnet den Bogen weiter: »Für jemanden bei McKinsey ist doch auch wichtig, was er für einen Anzug anhat und was er für eine Uhr anhat. Jede kleine Bubble hat eigene Codes, aber das Prinzip ist das gleiche: Hilfsmittel zur Selbstdarstellung und Kommunizieren des Selbstwertes – und zwar wie man ihn selbst beurteilt oder beurteilt haben möchte.«

Aber wenn das so ist, warum werden diese Hilfsmittel in erster Linie bei den weiblichen Mitgliedern einer Bubble thematisiert? Gut, Mitte der 2010er Jahre waren das Ende der Krawatte als Vorstandsaccessoire und die Bedeutung ihres Verschwindens mal Thema, aber das war ein größerer Trend. Das meine ich nicht. Ich meine die geänderte Frisur von Susanne Klatten, die Blazerfarbe von Angela Merkel. Sicher werden auch unter deutschen Unternehmerinnen und Politikerinnen gelegentlich subtile Codes via Kleidung gesendet. Doch die journalistische Bereitschaft, in die Kleiderwahl Botschaften hineinzuimaginieren oder Charakterzüge in ihr zu erkennen, steht dazu in keinem Verhältnis.

Ja, Kleidung ist auch Kommunikation. Sie kann Zugehörigkeit und Rebellion markieren, kann Geschichten erzählen und die eigene Position bestimmen. Dass ich in der Kleidung meiner Gesprächspartner zwar gewisse graduelle Unterschiede in Bezug auf Eleganz, Bequemlichkeit und Funktionalität, aber selbst zwischen einem Rapper und einem Außenminister kaum grundsätzliche Kleidungsdifferenzen erkannt habe, steht da gar nicht im Widerspruch. Schließlich erzählen ihre Outfits mehrheitlich die gleiche Geschichte: Wir sind erfolgreiche Männer, die während einer globalen Krise im Home-Office oder im leeren Büro sitzen und es gerade eher casual angehen. Guckt ja eh keiner.

Wobei, einer sah nun wirklich ganz anders aus als alle anderen.

Von Statements und Business-Outfits

Frater Rafael ist die Wildcard in meinem Kreis der erfolgreichen Männer. Der 1996 in Berlin-Biesdorf geborene Rafael

Maria Klose wächst in einem weitgehend atheistischen Umfeld auf, entdeckt jedoch in seiner Jugend seinen Glauben und seine Liebe zu Gott. Er lässt sich mit 17 taufen und tritt nach Abitur und Bundesfreiwilligendienst in den Orden der Dominikaner ein. »Für mich war einfach klar, dass der Glaube für mein Leben eine wichtige Rolle spielen sollte. Ich habe das als großes Geschenk empfunden.« Im Dominikanerkonvent in Worms legt er sein Ordensgelübde ab, zurzeit studiert er Katholische Theologie in Wien und lebt auch dort im Konvent der Dominikaner. Sein Ziel ist es, Priester zu werden. Während unseres Gesprächs sitzt er in einem schmucklosen Raum mit viel Holzmobiliar, er spricht langsam und aufgeräumt, wirkt von seiner Sache sehr überzeugt, gelegentlich überzeugend, oft einfach sehr jung.

Mir imponiert an ihm, dass er sehr früh und aus tiefer Überzeugung einen Karriereweg gewählt hat, der mit den gängigen Schlüsselparametern, Symbolen und Leistungskennzahlen des Erfolges so gar nichts zu tun hat. Vielleicht macht ihn das jetzt schon zum erfolgreichsten Mann auf meiner Liste. Auf jeden Fall macht es ihn zum Mann mit der klarsten Kleiderordnung.

»Vielleicht sollte ich mal aufstehen«, sagt er, als ich um eine Beschreibung seines Outfits bitte. Knarzend schiebt er den Stuhl in den Hintergrund und geht ein paar Schritte zurück. Für einen Moment sehe ich gar nichts: Die strahlend weiße Ordenstracht der Dominikaner überfordert die Helligkeitssensoren von Frater Rafaels Webcam. Dann erscheinen im Licht die Umrisse des jungen Mannes. Der Raum wird wieder schmucklos, in der Mitte steht der Ordensmann, vom Ledergürtel des Dominikanerordens abgesehen ganz in Weiß.

Ein sehr eindrucksvolles Bild. Ich frage mich leise, ob er weiß, wie das wirkt.

Er bleibt nüchtern und freundlich: »Das ist mein Ordensgewand, der sogenannte Habit. Das kommt vom Lateinischen her, habitus, und das bedeutet so viel wie Einstellung.« Frater Rafael kommt wieder an den Tisch, hockt sich vor den Rechner. »Damit wird zum Ausdruck gebracht, dass das mehr ist als ein Kostüm oder eine Arbeitskleidung, sondern dass äußerlich das zum Ausdruck kommt, was wir von unserer inneren Einstellung her zu leben versuchen.«

Ich gehe zur nächsten Frage im Fragebogen über, die mir in ihrer Formulierung jetzt etwas respektlos erscheint: Das heißt, das ist dein Standard-Outfit?

Frater Rafael setzt zur Antwort an, pausiert, schaut sich dann kurz suchend um. »Ich hole mal meinen Stuhl zurück.« Wieder sitzend: »Genau. Hier im Konvent trage ich immer den Habit, der ja auch Zeichen der Gemeinschaft ist. Ich versuche, ihn auch zu tragen, wenn ich draußen unterwegs bin. Nicht in jeder Situation, nicht wenn ich einkaufen gehe oder so. Das empfinde ich dann auch als unpassend. Aber ich versuche, ihn auch nach außen zu tragen, um den Glauben auch sichtbar zu machen und zu zeigen: Es gibt auch diese Art zu leben, und es gibt auch heute Menschen, die sich dafür entscheiden.«

Mich beeindruckt die Absicht, mit so viel weißem Stoff so viel nach innen und nach außen sagen und symbolisieren zu wollen. Die schlichteste Kleidung will am meisten erzählen und ist für den Außenstehenden meist doch nur ein einfaches Zeichen: Guck an, ein Ordensmann. Und gleichzeitig, anderswo, werden die aufwendigsten Kleider mit größter Aufmerksamkeit beschrieben und interpretiert und sind am Ende doch nur Kleider.

»Mein Standard-Outfit ist Anzug mit Krawatte«, sagt der Social-Distancing-verwahrloste Heiko Maas. »Das hat natürlich etwas damit zu tun, dass ich regelmäßig Gäste empfange im Außenministerium, internationale Gäste. Und auch wenn ich es persönlich so ungezwungen wie möglich mag, von der Kleidung, vom Verhalten, vom Ablauf her, ist beruflich selbstverständlich völlig klar: Wenn ich mich mit Leuten aus anderen Kulturkreisen treffe, gibt es die Erwartung, dass man sich genauso an den Dresscode hält wie die Gäste. Und wenn man das nicht tut, wird es als eine Form von Respektlosigkeit empfunden. Teilweise ist schon das Nichttragen einer Krawatte eine Respektlosigkeit, die man dann einem Land, einer ganzen Gesellschaft, einem ganzen Volk gegenüber demonstriert. Solche Signale will ich natürlich auf gar keinen Fall aussenden. Das ist für mich das Wichtigste überhaupt, wo Menschen zusammenkommen: dass man sich mit Respekt gegenübertritt. Und wenn andere bestimmte Erwartungen haben, wie man Respekt äußerlich zum Ausdruck bringt, dann will ich dem auch gerne entgegenkommen.«

Das ist ein weiterer interessanter Aspekt an Kleidung, Codes und Kommunikation. Denn es ist ja nicht so, dass Anzug und Krawatte dort, wo sie der Dresscode vorgibt, auf eine besondere, explizite, aktive Weise Respekt ausdrücken. Anzug und Krawatte sind in diesem Fall ein Hygienefaktor, ein Standard, den es zu erfüllen gilt. Ein echter Akt der Kommunikation wäre in diesem Sinne das absichtsvolle Ignorieren dieser Standards. Wie Maas sagt: eine Demonstration von Respektlosigkeit. Das wäre ein Statement, ein unkluges in diesem Fall. Und vielleicht ist es die Vermutung, ich wolle ein Statement setzen, eventuell sogar ein unkluges, die meine Kleiderwahl zu meiner ersten freenet-Hauptversammlung so sehr zum Thema gemacht hat. Vielleicht ist es die Vermutung, Frauen wollten generell mit ihrer Kleidung Statements setzen, die ihr Äußeres so sehr zum Thema macht. Wie ich ganz am Anfang schon sagte: Es gibt noch keine bewährten Standards für den journalistischen Blick auf die erfolgreiche Frau. Also konzentriert man sich darauf, was sie vom bisherigen Standard abhebt – ihr Frausein und ihre Kleidung. Meine steile These hier aber: Die meisten Frauen wollen in den meisten Fällen mit ihrer Kleidung gar kein Statement setzen.

»Ich habe eine Regel: Über Kleidung will ich kein Statement senden«, sagt auch Jörg Eigendorf, der Konzernsprecher der Deutschen Bank, »obwohl man das natürlich immer tut.« Aber ist denn seine Kleidung (Turnschuhe, Jeans, Hemd) in seinem Umfeld der Standard? Eigendorf räumt ein, dass es schon gewisse Regeln gibt, aber: »Die Frage ist doch: Muss es sein, oder kann es sein?« Wie weit kann man die Grenzen des Regelwerks dehnen, ohne ein Statement zu setzen? »Ich ziehe eigentlich nie Krawatten an. Ich habe irgendwann mal gesagt, dass ich jedes Mal, wenn wir Ergebnisse veröffentlichen, eine Krawatte anziehe, also einmal im Quartal. Dann bin ich damals in den Raum gekommen, und ein Vorstand sagte: ›Mensch, du hast ja eine Krawatte an, jetzt musst du dich nur noch rasieren.‹ Da habe ich gesagt: Wenn ich das tu, kannst du mich feuern.«

Eigendorf hat seinen Job noch, hat sich bislang nicht rasiert, trägt keine Krawatten mehr zu Quartalssitzungen. Aber mit Turnschuhen, Jeans und Hemd kein Statement zu setzen, würde ich sagen, gelingt ihm nicht. Auch wenn die Krawatte bei Vorstandssitzungen der Deutschen Bank längst nicht mehr die Regel ist: Der kleine Krawattenscherz des Vorstands ist eben auch ein freundlicher Gruß der alten Kleiderordnung, die Eigendorf hier wohlgelaunt ignoriert. Und das passt ja auch zu seiner Rolle bei der Deutschen Bank: »Ich bin ja auch reingeholt worden, weil ich einen anderen Blick auf unsere Bank habe und etwas anderes verkörpere.«

Wer in seinem Element ist, begeistert andere

Wie tief die Kleiderordnungen im Konzern verankert sein können, davon erzählt Joe Kaeser: »Ich habe fünf Jahre dafür gebraucht, dieses berühmte Siemens-Casual abzuschaffen.« Er schaut ein wenig verächtlich drein, als er den Stil beschreibt. »Siemens-Casual war bei den Männern: grauer Anzug, weißes Hemd, ohne Krawatte. Das war so drin in den Leuten, das haben wir jahrelang nicht rausbekommen.« Die Tradition hielt sich auch, als sie ausdrücklich keine offizielle Direktive mehr war. »Jetzt hat sich das deutlich verbessert. Manche haben eine Krawatte, nicht viele. Aber manche kommen auch schon mal in Jeans. Wie sagt man? Was lange währt ... Wir haben eingeführt, dass jeder tragen kann, was er oder sie will.«

Gewohnheiten und Traditionen haben eine enorme Kraft, und so bleibt in einem globalen Konzern der alte Standard doch meist der neue Standard, nur jetzt eben aus freien Stücken. Wie es eben ist, wenn alte Ordnungen und Einschränkungen aufgehoben werden, wenn die Tanzfläche freigegeben wird, die Tür des Vogelkäfigs aufgeht: Man traut der ganzen

Sache noch nicht und man will auf keinen Fall der Erste sein. Schließlich könnte man als jemand missverstanden werden, der ein unkluges Statement absetzen möchte.

Wohl denen, die schon immer einfach anziehen, was sie wollen. Peter Wittkamp ist eher faul, Axel Bosse hat anderes zu tun, auch Jürgen Bornschein ist eigentlich eher »so ein T-Shirt-Typ«, der vielen Anzugträgern unterstellt, dass sie »ihre Unsicherheit, ihr Unvermögen, ihre mangelnde Kompetenz hinter einem schönen Anzug verstecken. Man merkt, dass die Leute Inhalt durch Form ersetzen«. Aber warum hat er jetzt gerade selbst einen Anzug an? »Heute habe ich Bewerbungsgespräche. Da muss man sich ein bisschen anders anziehen. Vom Chef erwartet man das.« Die Codes und Standards, sie lassen einen nicht los.

Es sei denn, man schafft seine eigenen. Als Facebook-Chef Mark Zuckerberg Anfang 2016 aus der Elternzeit zurückkommt, postet er ein Foto seines Kleiderschranks auf Instagram. Auf Kleiderbügeln hängen da links einige komplett uniforme graue T-Shirts, rechts einige komplett uniforme graue Hoodies. »Erster Tag nach der Elternzeit«, schreibt er darunter. »Was soll ich anziehen?« Zuckerbergs Business-Uniform ist Stoff für Management-Berater*innen geworden: Es ist Zeitverschwendung, sich über die eigene Kleidung Gedanken zu machen. Arianna Huffington hat versucht, diesen Gedanken für Managerinnen zu übersetzen, hat jedoch die Bereitschaft vieler Betrachter*innen unterschätzt, sich über die Kleidung anderer Gedanken zu machen.

Die zu Beginn erwähnte Studie »Spitzenfrauen in den Medien« verglich 2008 die Beschreibungen von Frank-Walter

Steinmeier und Gesine Schwan, die beide für die Bundespräsidentschaft kandidierten. So schrieb die Süddeutsche über Steinmeiers Auftritt: »Sakko weg, Krawatte locker, Ärmel hoch. Und dann geht's los. Frank-Walter Steinmeier brüllt fast vom ersten Wort an in den Saal.« Gesine Schwan dagegen wurde so beschrieben: »(...) die schlanke, hochgewachsene Dame mit dem Lockenkopf, im blutroten Kostüm, schwarzen, hochhackigen Pumps und filigranen Perlenbällchen an den Ohren.«[11]

Merken Sie's? Dem einen ist die Kleidung Requisite. Sie ist etwas, womit er arbeiten kann. Die andere wird durch die Kleidung überhaupt erst sichtbar gemacht.

Nichts gegen ein vielfältiges Vokabular und nichts dagegen, dass die Kleidungscodes erfolgreicher Männer schon so viel älter, bewährter, weniger erwähnenswert sind. Aber vielleicht können wir in den heutigen Zeiten, die uns so viele verschiedene Fragen stellen, die Kinnlade mal wieder hochbekommen, unsere Augen von der neuen Frisur oder dem Nasenring oder der Rüschenbluse nehmen und darauf hören, was uns die Leute zu sagen haben? Die Vielfalt an Menschen und Ideen, die unsere Gesellschaft braucht, allein an der Vielfalt der Kleidung festzumachen, ist bestimmt zu kurz gegriffen, aber die Auflösung starrer Dresscodes ist sicher ein Teil davon. Die kann allerdings nur gelingen, wenn ein Kleid, ein Hut, ein Haarschnitt und ein Ausschnitt nicht ständig als ganz besonders berichtenswert und damit als außergewöhnlich und unnormal dargestellt werden.

»Der Mensch kommt immer als Gesamtpaket«, sagt Jörg Eigendorf abschließend zu den optischen Attributen. »Und natürlich ist die Optik ein Teil davon. Die Frage ist aber: Wie authentisch ist ein Mensch? Letztens musste ich eine neue Brille kaufen. Da war eine Brillenverkäuferin, die war erst völlig unscheinbar – und dann hat sie mir die Brille angepasst. Und das hat sie mit einer Faszination, einer Konzentration gemacht, die hat mich gar nicht mehr gesehen, nur noch das Gesamtbild. Das war toll. Sie hat gelebt für das, was sie tut. Das ist das alles Entscheidende dabei, diese Begeisterung zu erleben – und das hat eine viel größere Wirkung. Diese Frau hat sich vor meinen Augen verwandelt, sie war voll und ganz in ihrem Element. Ein Mensch, der in seinem Element ist, ob Frau oder Mann, begeistert andere. Sie oder er gewinnt Glaubwürdigkeit und Authentizität. Man folgt Menschen, die authentisch sind, und nicht Menschen, die konstruiert sind. Leider gibt es auch die eher bipolaren Persönlichkeiten, die das gut manipulieren können, und dann fällt man darauf rein, aber erst einmal bleibt das Faktum: Man glaubt dem authentisch wirkenden Menschen.«

Haben Sie etwas gemerkt? An keinem Punkt von Eigendorfs Anekdote ging es um die Kleidung, die die Frau trug.

Es geht eben doch.

WIE BRINGEN SIE FAMILIE UND KARRIERE UNTER EINEN HUT?

»Wenn wie geplant 2020 die erste deutsche Astronautin die Wissenschaftsmission auf der Internationalen Raumstation ISS durchführen wird, dann hat deren Ehemann Daniel Eich im familiären Bereich kräftig mitgeholfen. Er ist damit pionierhaftes Vorbild für Männer, die sich dafür einsetzen, dass Frauen in einem für sie ungewöhnlichen Berufsbereich erfolgreich sein können.«

Aus dem Kurzporträt des Preisträgers Daniel Eich zur 14. Verleihung des »Mestermacher Preis Spitzenvater des Jahres«, 8. März 2019[1]

Im Sommer 2015 werde ich schwanger. Das kommt für mich nicht völlig überraschend, gewisse Voraussetzungen sind schlicht erfüllt, die Grundabläufe dürften den meisten klar sein. Die wichtigste Voraussetzung ist jedoch, dass wir werdenden Eltern uns sehr genau miteinander abgestimmt haben. Wie stellen wir uns das vor? Was wollen wir? Wie werden wir uns die Aufgaben teilen? Für mich ist klar, dass ich schnell wieder in die Agentur gehen will: Meine Arbeit und mein Unternehmen sind mir wichtig. TLGG ist schließlich mein erstes Kind. Der Geburtstermin des Menschenkindes ist für Anfang März berechnet, bis zum Mai plane ich Elternzeit, dann wird mein Freund Flo den größten Teil der Alltagsbetreuung übernehmen. Seine Selbständigkeit erlaubt ihm diesen Freiraum, er hat große Lust darauf, wir freuen uns auf unser Kind und auf unser gemeinsames Leben.

Meine Mitgründer und Mitgeschäftsführer bei TLGG teilen meine Freude nicht ganz. Als ich Boontham Temaismithi und Christoph Bornschein meine mittelfristige Lebensplanung präsentiere, beschreibt »nackte Panik« ihre Reaktion wahrscheinlich am besten. Die Details und Rahmenbedingungen, die Kürze meiner Elternzeit, meine Verbundenheit zu TLGG – all das kommt kaum zu ihnen durch, so kurz und eng geknüpft ist die Kausalkette in ihrer Vorstellung: Die Frau im Gründerteam wird Mutter, also ist die Frau aus dem Gründerteam raus. Fränzi bekommt ein Kind, also lässt sie uns hängen. Entgeistert, zornig und voller Ernst fragt mich Christoph: »Willst du uns ruinieren?«

So klischeehaft und fast lustig mir diese Frage im Rückblick erscheint, so sehr treffen mich in diesem Moment das blanke Unverständnis und das fehlende Vertrauen. Die beiden sind schließlich die Menschen, mit denen ich seit mehr als sieben Jahren praktisch ununterbrochen an diesem Unternehmen arbeite, die nicht nur meine Geschäftspartner, sondern meine besten Freunde sind. Im Nachhinein hat sich Christoph mehrfach für die Reaktion und speziell für diese Frage entschuldigt, noch 2019 sogar einen reuevollen Gastbeitrag zum Frauentag im Handelsblatt geschrieben. Dabei wissen wir wahrscheinlich beide nicht genau, ob ihm seine Reaktion an sich unangebracht erscheint oder ob ihm die erfolgreichen Jahre seitdem gezeigt haben, dass seine Sorge unbegründet war.

Im September 2015 hilft mir der Gedanke, dass es den beiden nicht nur um unser geschäftliches und persönliches Verhältnis geht. Anfang 2015 haben wir unsere Agentur an das weltweit zweitgrößte Agenturnetzwerk Omnicom verkauft, sind nun als Geschäftsführung verpflichtet, haben die Verantwortung für rund 160 Mitarbeiter*innen, legen gerade den Grundstein für ein Büro in New York und planen weitere Büros weltweit. Boontham und Christoph drehen auch stellvertretend für die Investoren durch: Werden die meine Schwangerschaft als Exitstrategie missverstehen?

Entsprechend wichtig ist es mir in diesen Tagen, allen wesentlichen Ansprechpartner*innen meine Pläne mitzuteilen, alle Bedenken auszuräumen, immer wieder zu versichern, dass die Agentur mein wichtigstes Thema bleibt und die Betreuungssituation vollständig geklärt ist. Es fühlt sich sehr seltsam an, überwiegend fremden Männern erklärende Mails zu einem so persönlichen Thema zu schreiben. Dass unser ranghöchster Ansprechpartner im Netzwerk nicht antwortet, lässt mich kurz zweifeln, doch aus der zweiten und dritten Reihe kommen größtenteils positive Rückmeldungen und einige Angebote, während meiner kurzen Abwesenheit Aufgaben zu übernehmen und umzuverteilen.

Ende Februar 2016 gehe ich in den Mutterschutz. Anfang März kommt meine Tochter zur Welt. Ich merke beim ersten Augenkontakt, dass die Agentur nicht mehr mein wichtigstes Thema ist, aber ich merke ebenso schnell, dass mir die Arbeit fehlt. Schon nach zwei Wochen besuche ich mit Kind und Kinderwagen das Büro zum ersten Mal, komme dann öfter, übernehme ab und an Aufgaben und treffe schließlich eine Entscheidung: Ich miete ein Zimmer neben dem Büro für

Tochter, Freund und mich. Hier kann ich das Mädchen stillen, wickeln und im Arm halten und bin ansonsten wieder voll dabei.

Im April 2016 kommt der Netzwerkchef, um sich und das Omnicom-Unternehmen, zu dem wir jetzt gehören, dem Team vorzustellen. Er ist ernsthaft überrascht, mich zu sehen. Statt mit mir übers Geschäft zu sprechen, lässt er sich Fotos meiner Tochter zeigen, findet sie so hübsch wie mich und regt an, doch gleich ein Kind nachzulegen, damit ich mich zukünftig um meine hübschen Kinder und meinen Hund kümmern kann.

In diesem Moment möchte ich alles hinwerfen vor Wut und Enttäuschung. Da steht dieser seltsame New Yorker Agenturchef in dem Unternehmen, das ich mitaufgebaut habe, in einem Büro, das ich ausgesucht und mitgestaltet habe, vor einem Team, das ich zu einem großen Teil mitentwickelt habe, und wertet mich mit einem radikal respektlosen Spruch ab, den er selbst wahrscheinlich noch für ein Kompliment hält: Danke, hübsche Mutter, wir brauchen dich nicht mehr. Dafür arbeite ich hier jeden Tag? Dafür miete ich von meinem Geld ein Zimmer in der Nachbarschaft? Dafür halte ich die »Rabenmutter«-Sprüche aus, die mich schon seit dem Beginn meiner Schwangerschaft begleiten und die in den letzten Tagen nicht unbedingt leiser geworden sind?

Doch dieser Mann mag der Ranghöchste hier sein – dank guter Beratung und kluger Verträge spielt er in unserem Alltag kaum eine Rolle. Mein Team freut sich, dass ich da bin, und auch Boontham und Christoph entdecken ihr Vertrauen in mich wieder. Flo begleitet das winzige Mädchen in ihrem winzigen Alltag, macht eine hervorragende Figur und unterstützt mich durch seine Flexibilität. Uns allen kommt meine große Liebe zu Listen, Plänen und Kalendern gelegen: Ich organisiere den Familienkalender, das Herzstück unseres Alltags.

Dieser gemeinsame Kalender, den sich Flo, meine Mutter, unsere Nanny und ich teilen, wird ab 2017 schnell zu meiner Standardantwort auf die Frage, wie man all das geregelt und unter einen Hut bekommt: Kalender und Organisation. In vielen Artikeln und Interviews rund um TLGG, freenet und mich geht es nämlich auch um die Vereinbarkeit von Kind und Karriere, um Stressmanagement und Familienalltag, um das Abwägen zwischen Familie und Firma. Am hartnäckigsten hakt im August 2018 der Tagesspiegel nach: Habe ich wohl vor dem Antritt als Aufsichtsratskandidatin gezögert und überlegt, ob das mit Agentur und Familie zu viel wird? Habe ich das mit meinem Lebenspartner abgesprochen? Wie viel Zeit habe ich noch für meine Tochter?[2]

Die Vereinbarkeit von Kind und Karriere ist immer wieder Thema, und ich antworte meistens gern. Denn ich will ja zeigen, dass es geht und dass es auch eingefordert werden kann. Auch bei TLGG schaffen wir für die wachsende Zahl an Eltern Möglichkeiten, besprechen Elternzeit- und Teilzeitmodelle, entwickeln Konzepte für Betreuungs- und Krankentage, erwägen sogar die Gründung einer eigenen Kita, eh uns der Kreuzberger Immobilienmarkt auf den Boden zurückholt.

Doch mit der Zeit irritiert mich die Schieflage der Diskussion immer mehr. In mir wächst der Eindruck, dass die Familie bei erfolgreichen Männern stets ein weiches Thema ist, über das man spricht, wenn es menscheln soll, wenn es um den Charakter hinter der Funktion geht. Bei Frauen ist die Familie dagegen immer irgendwie ein Thema, immer ein neben der Karriere zu verwaltendes Projekt. In der im letzten Kapitel schon zitierten Studie »Die Ausnahme, die Rabenmutter, die Kämpferin« schildert die Managerin Janina Kugel einen ähnlichen Eindruck: »Bei Interviews mit Frauen stehen im Kurzporträt immer Informationen zu Kindern und Partner dabei. Der familiäre Hintergrund spielt eine Rolle, auch wenn er im Interview gar nicht zur Sprache kam.«[3] Bei Männern sei das anders. Diese Beobachtung spiegeln auch die Zahlen der Studie wider: In Medienberichten und Interviews ist die Familie bei Frauen 2,5-mal so häufig ein Thema wie bei Männern.

Entsprechend neugierig bin ich jedes Mal, wenn wir auf dem Fragebogen für erfolgreiche Männer beim Thema »Familie« ankommen. Gerade weil einige von ihnen das Thema Vereinbarkeit schon hinter sich gelassen haben und ihre Kinder längst erwachsen sind, könnte es spannend werden, meine Gesprächspartner mit den jüngeren Eltern zu vergleichen: Wie haben sie Karriere und Kinder unter einen Hut bekommen? Wie viel Zeit haben oder hatten sie für ihre Kinder noch übrig? Haben sie vor einer neuen Position, einem neuen Projekt jemals gezögert und überlegt, ob das noch mit ihren familiären Pflichten vereinbar ist? Und wie hat ihr Umfeld auf ihre erste Vaterschaft reagiert?

Wie hat Ihr berufliches Umfeld auf Ihre Vaterschaft reagiert?

»Mit großer Freude«; »Sie haben sich für mich gefreut«; »Alle haben sich gefreut«; »Es haben sich alle gefreut«; »Es haben sich alle sehr gefreut«; »Overwhelming!«; »Eher freudig: Ich gratuliere dir! Finde ich toll! Super!«; »Natürlich waren alle glücklich«; »Das waren ganz normale Reaktionen«; »Man sagt das, und dann freuen sich die Leute«; »Die Menschen haben es mit großer Freude aufgenommen«. Die meisten Reaktionen auf die Frage nach den Reaktionen variieren nur in Details. Offenbar war viel Freude im Spiel.

Etwas flacher als die meisten anderen halten Holger Friedrich (drei Kinder) und Jürgen Bornschein (zwei Kinder) ihren jeweiligen Ball. »Gar nicht« habe das Umfeld reagiert, sagt Friedrich, das kommende Kind wäre halt in den Alltag als junge Unternehmer eingebaut gewesen. »Das wurde zur Kenntnis genommen«, erzählt Jürgen Bornschein, dessen Kinder wie ich in der letzten Dekade der DDR geboren wurden. »Haken hinter: Der ist auch Vater. Das war ziemlich unspektakulär.«

»Aber als Sie Ihren beiden Partnern gesagt haben, dass Sie ein Kind bekommen, war deren Reaktion schwierig, oder?«, fragte mich im Juli 2019 der PR Report.[4] Eine Frage, die viele meiner Gesprächspartner nicht recht verstehen, als ich sie ihnen ähnlich stelle: »Warum?«, fragt Dr. Hellmeyer (ein Kind). »Nö«, sagt Peter Wittkamp (ein Kind). »Ich kann mich nicht erinnern, dass daraus ein Problem gemacht wurde«, kann sich Holger Friedrich nicht erinnern. Heiko Maas (zwei Kinder) erinnert sich dafür ans genaue Gegenteil: »Es gab sogar einige, die der Auffassung waren, das gehöre eigentlich auch dazu. Ein Politiker mit Familie steht mehr im Leben, dem können die Menschen auch eher vertrauen.« Ein Sternekoch mit Familie dagegen wüsste nicht, was das seine Geschäftspartner angeht: »Ich habe es überhaupt nicht groß kundgetan«, winkt

Christian Rach (keine spezifischen Angaben) ab. »Ich habe nie einen Aushang gemacht oder dem Fischhändler gesagt: Mensch, ich werde Vater. Geschäftspartner ist Geschäftspartner, und da hat es keine Rolle gespielt.« Von 16 befragten Männern wüssten 13 nicht, inwiefern ihre Vaterschaft problematisch gewesen sein sollte.

Auch bei Jörg Eigendorf (zwei Kinder) hat das Umfeld erst einmal keine Rolle gespielt, allerdings aus anderen Gründen: »Mein berufliches Umfeld konnte nicht so sonderlich auf mich reagieren, denn ich war damals freiberuflich in Moskau und hatte meine ersten Geschichten für den SPIEGEL geschrieben. Ich war dann einfach nicht mehr da.«

Der heutige Konzernsprecher der Deutschen Bank blickt auf eine lange journalistische Karriere zurück. 1967 in Ratingen geboren, besucht Eigendorf nach dem Abitur die Kölner Journalistenschule, beginnt ein VWL-Studium, geht nach dem Grundstudium nach Moskau, wo er parallel zum Studium freiberuflich als Korrespondent für verschiedene Zeitungen und Zeitschriften arbeitet. Er wird 1994 Vater und fester GUS-Wirtschaftskorrespondent der ZEIT. 1999 zieht die mittlerweile vierköpfige Familie Eigendorf nach Deutschland. Eigendorf wechselt zur Welt-Gruppe, wo er vom Korrespondenten zum Ressortleiter zum Chefreporter zum Mitglied der Chefredaktion wird.

Dabei ist ihm stets wichtig, Leitungsaufgaben nicht allein zu tragen: »Für mich war deshalb auch immer klar: Ich mache einen Chefposten nur als Co«, also in Partnerschaft. »Es gab Momente, in denen ich als Vater einfach alles stehen und liegen lassen musste.« Er findet Partner, mit denen er sich die Leitung teilen kann, »Väter, die ihre Rolle in ihren Familien sehr ernst nehmen und mich als Vater verstanden haben.«

2015 verpflichtet die Deutsche Bank Eigendorf als Konzernsprecher. Ein zunächst überraschender Zug für alle Beteiligten, »aber das war das Erstaunliche: Ich habe mich hier sofort zu Hause gefühlt in der Bank, obwohl ich sehr kritische Artikel über die Deutsche Bank geschrieben und über viele Jahre die Bank kritisiert hatte. Ich habe von Anfang an das Gefühl gehabt, hier am richtigen Ort zu sein.« Seine Frau Katrin bleibt über all die Jahre dem internationalen Fernsehjournalismus treu und arbeitet heute als internationale Reporterin für das ZDF.

1994 jedoch liegt all das noch in seinen Anfängen. Im Juni kommt das erste Kind der Eigendorfs zur Welt. Philip Julius ist ein zunächst gesund wirkendes Baby, leidet jedoch an einem nicht heilbaren Krampfleiden – ein schwerstbehinderter, pflegeintensiver Junge. Die Eigendorfs beschließen, statt medizinischer Therapieversuche die Lebensqualität ihres Sohnes in den Vordergrund zu stellen. Die Verantwortlichkeiten sind dabei recht klar aufgeteilt, auch weil Katrin Eigendorf bereits als feste Korrespondentin arbeitet: »Wir haben uns immer sehr gut ergänzt. Ich habe Philipp gepflegt, und Katrin hat im Grunde genommen alles gemacht, was drum herum war. Wir haben uns immer die Arbeit aufgeteilt.« 1995 folgt das zweite Kind, ein gesundes Mädchen.

In Deutschland findet die Familie 1999 ein Internat für ihren Sohn: die Johann-Peter-Schäfer-Blindenschule in Friedberg. Damit schlägt die so international orientierte Familie jedoch feste Wurzeln: »Mir hat in den frühen 2000er Jahren mal eine deutsche Tageszeitung einen Korrespondentenjob in New York angeboten. Ich habe dem Chefredakteur vorgerechnet, was das mit Philip Julius kosten würde. Da hat er gesagt: Dann mach ich den Job lieber selber. Wir waren also nach unserer Rückkehr aus Moskau in Deutschland gebunden. Da war eigentlich nie an Weggehen zu denken.« Philip Julius Eigendorf wird 17 Jahre alt. Gemeinsam mit langjährigen Begleitern ihres Sohnes gründen seine Eltern 2013 den Philip Julius e. V., der Hilfe und Unterstützung für Familien mit mehrfach schwerstbehinderten Kindern anbietet.

Eigendorf schildert seine Rolle in der Familie nüchtern und doch herzlich: »Bügeln kann ich nicht. Ich kann auch nicht kochen. Aber ich bin ziemlich gut in Kinderpflege und Füttern von Kindern, singen, spielen mit Kindern und Papi sein. Meine Tochter hat mich immer Mapa genannt, als sie klein war. Mama und Papa in einem. Das fand ich schön.« Als Individuen ist es Mama und Papa derweil gelungen, die Familie mit ihren besonderen Herausforderungen auch in ihre beruflichen Pläne zu integrieren: »Meine Frau hat immer sehr viel gearbeitet und eben auch als Reporterin Karriere gemacht. Uns war immer klar, dass wir beide berufstätig sein wollen.« Entscheidungen treffen sie gemeinsam: »Wir haben uns gegenseitig immer sehr unterstützt.«

Hat Jörg Eigendorf zwischen Kind und Karriere abgewogen? »Immer. Aber das war ein relativ simples Abwägen: Die Familie hat den Rahmen gesetzt, und ich habe mein Arbeitsumfeld entsprechend ausgerichtet, so dass meine Familie damit umgehen kann. Wünschte ich mir, noch mehr zu Hause und noch mehr bei meinen Kindern gewesen zu sein? Ja. Ich bin froh über jede Stunde, die ich mit meinen Kindern verbracht habe in meinem Leben, das gibt mir unendlich viel.

Aber ich arbeite auch gern und sehe darin nicht nur einen Beruf, sondern einen wichtigen Teil meines Lebens.«

Wenn Jörg Eigendorf spricht und resümiert, ist er oft bis an die Grenze der Zerrissenheit reflektiert: In seinen Schilderungen ist viel Zärtlichkeit und Traurigkeit, ein deutliches Bewusstsein für seine Grenzen und viel Dankbarkeit für die Zusammenarbeit mit seiner Frau. Aber wie er selber sagt, arbeitet er eben auch gern: »Das, was wir hier teilweise machen, ist Hochleistungssport, da muss man einen totalen Fokus drauf haben. Diesen Job als Kommunikationschef der Deutschen Bank hätte ich mit kleinen Kindern nicht gemacht. Ja, dafür wird man gut bezahlt, aber man verzichtet auch, vor allem auf Zeit mit den Menschen, die man schätzt.« Es ist interessant, die Dynamik, die in vielen Paaren klar zwischen zwei Leuten verteilt ist, in einem Menschen arbeiten zu sehen.

Eigendorf ist sich seiner besonderen Rolle ebenfalls bewusst. Und er hadert damit: »Wenn man sich als Mann um seine Kinder kümmert, bekommt man dafür weitaus mehr Anerkennung als eine Frau. Bei der Frau wird es als selbstverständlich angesehen. Als Mann ist man ein toller Typ.« Mehrfach sei dagegen seine Frau in ihrer Karriere gefragt worden, ob sie ihren Job trotz Kind noch erledigen könne. Auch in ihrem privaten Umfeld sei Katrin Eigendorfs Arbeitsvolumen oft Thema gewesen. »Bei Männern fragt keiner. Das finde ich befremdlich, das ist schon ungerecht.«

Von Spitzenvätern und umgekehrten Vorzeichen

Dieses Ungleichgewicht ist nicht nur Eigendorfs persönliche Beobachtung, es ist auch die Basis für einen jährlich verliehenen Preis. Seit 2006 zeichnet die Mestemacher-Gruppe, eine ostwestfälische Großbäckerei, jährlich einen tollen Typen aus. »Zur Stärkung der Leistungsgesellschaft werden qualifizierte Frauen und Männer sowie Kinder benötigt. Voraussetzung der Vereinbarkeit von Elternschaft und Erwerbstätigkeit ist das praktizierte partnerschaftliche Ehe- und Familienmodell. Der ›Mestemacher Preis Spitzenvater des Jahres‹ würdigt dessen Familienkultur«, beschreibt die Initiatorin und Mestemacher-Geschäftsführerin Prof. Dr. Ulrike Detmers die Intention des mit 5000 Euro dotierten Preises.[5]

2019 sorgt die Spitzenvater-Auszeichnung von Daniel Eich für eine überfällige, hitzige und wie üblich kurze Diskussion auf Twitter, in Elternblogs, schließlich in den Medien. Der Ehemann der Astronautin Insa Thiele-Eich wird dafür ausgezeichnet, dass er Elternzeit nimmt, während seine Frau ins All fliegt. Vielleicht ist es dieses größtmögliche Gefälle zwischen ihren und seinen Aufgaben, das nach 13 Jahren die Preisvergabe zum Aufreger macht: Während die Frau etwas tut, was nur wenige Menschen weltweit überhaupt können, tut der Mann das, was Millionen Frauen in Deutschland selbstverständlich tun.

Insa Thiele-Eich und ihr Mann nehmen Preis und Titel an, weil sie Vorbilder sein und zeigen wollen, dass das, was hier als Ausnahme prämiert wird, ganz problemlos im Alltag möglich ist. Ich halte die Motivation der beiden für ebenso verständlich wie die Intention des Preises. Mir wäre zwar lieber, es bräuchte keinen Spitzenvater des Jahres, aber wenn die Auszeichnung eine Diskussion befeuert, so kurz aufgekocht sie auch sein mag, dann hat sie durchaus ihre Berechtigung.

Weitaus weniger kontrovers wird die Auszeichnung übrigens 2013 diskutiert, als Christoph Mönnikes (fünf Kinder) Spitzenvater des Jahres wird. »Keine Ahnung, wer mich da vorgeschlagen hat. Aber dann gibt's einen Preis und eine sehr nette Veranstaltung. Das war spannend, und danach hatte ich sehr viele Interviewerinladungen und Zeitungsanfragen. Das war auch der Position meiner Frau geschuldet.« Seine Frau, das ist Sigrid Nikutta, langjährige Chefin der Berliner Verkehrsbetriebe und heutige Vorstandsvorsitzende von DB Cargo. Beide lernten sich Ende der achtziger Jahre im Studentenwohnheim in Bielefeld kennen und leben heute mit ihren fünf Kindern in Berlin. Sie arbeitet in Vorstandspositionen, er ist Hausmann und Vater. »Wir hatten damals auch sehr viele Anfragen von RTL und Sat.1, die mal kommen und uns filmen wollten, wie wir morgens aufstehen und so. Haben wir natürlich nicht gemacht, um Gottes willen.« Schauen Sie! Staunen Sie! So frühstückt eine Familie, in der die Frau ein Unternehmen leitet und der Mann sich um den Haushalt kümmert!

Es ist der Neid auf das Studentenleben seiner Freunde, der Christoph Mönnikes damals nach Bielefeld bringt. Zu diesem Zeitpunkt hat der 1964 geborene Ostwestfale bereits den Bauernhof seiner Eltern verlassen, eine Ausbildung zum Industriekaufmann absolviert, im IT-Bereich gearbeitet, die erste Pleite und Kündigung erlebt. Nun also BWL in Bielefeld und eine Mitbewohnerin, die Pädagogik und Psychologie studiert und später seine Frau werden soll. Mönnikes schließt das Studium ab und landet als Controller im Dotcom-Boom und Dotcom-Crash der Jahrtausendwende. Als Controlling-Konstante in seiner Firma begleitet er Pleiten, Übernahmen und Change-Prozesse, ohne jedoch im klassischen Sinne Karriere zu machen. Sigrid Nikutta geht 1996 zur Deutschen Bahn, übernimmt zunächst Leitungspositionen im Bildungsbereich, wird 2001 Personalleiterin bei DB Cargo in Mainz. Das Paar lebt in Wiesbaden, als es sich 2007 entschließt, ein Pflegekind aufzunehmen. Dann geht alles ganz schnell.

»Durch mehrere Zufälle haben wir 2007 von einem Pflegekind erfahren und gesagt: Okay, wir machen das. Wir wollten immer schon Kinder haben, jetzt fangen wir mal so an. (…) Unser erstes Kind kam innerhalb von zwei Monaten«, erinnert sich Christoph Mönnikes. Kein Neugeborenes, sondern direkt ein Kleinkind. »Es ging aber nicht, dass in diesem Falle beide voll arbeiten, sondern einer musste zu Hause bleiben. Und dann haben wir uns überlegt: Wer hat die besseren Karrierechancen in der Zukunft? Und wer hat mehr Motivation, auch zu Hause zu bleiben? Und dann ging es relativ schnell, dass ich gesagt habe: Hm, eigentlich könnte ich mir das eher vorstellen.« Mönnikes vereinbart mit seinem Chef ein Teilzeitmodell. Beim zweiten Kind, schon ein Jahr später, beantragt er ein Jahr Elternzeit. Beim dritten Kind fragt ihn sein Chef, ob nicht auch mal seine Frau dran wäre.

Mönnikes erfährt hier, was für viele Frauen Standard ist: »Als ich das erste Mal lange Elternzeit gemacht habe, war das als Mann etwas ganz Besonderes. Mich haben alle angeguckt: Wie ich so etwas machen könnte, dann wäre alles vorbei, karrieretechnisch wäre gar nichts mehr möglich. Und es war auch schwierig.«

2010 geht Sigrid Nikutta nach Berlin und wird Vorstandsvorsitzende der BVG. 2011 zieht auch Mönnikes mit den drei Kindern nach Berlin. Die Karriere gibt er weitgehend auf, ein etwas halbherziger Versuch der Selbständigkeit scheitert an seinen Familienpflichten. Ebenfalls 2011 kommt das vierte Kind zur Welt, 2016 schließlich das fünfte. Nikutta sieht sich als Vorreiterin für die Vereinbarkeit von Familie und Beruf, verzichtet auf Mutterschutz und Elternzeit, spricht öffentlich darüber und erfährt dafür Zuspruch und Kritik. In der Berliner Zeitung schreibt die Journalistin Sabine Rennefanz: »Die Botschaft, die sie mit dem erneuten Verzicht auf eine Pause sendet, ist problematisch, weil sie Druck auf andere Frauen ausüben könnte. Wer im Betrieb aufsteigen will, so könnte man es interpretieren, darf sich keinerlei Auszeiten gönnen. Auch das Gebären muss dem Arbeitsalltag angepasst werden.«[6] Zwischen vielen Konjunktiven wirft Rennefanz Nikutta dann doch sehr direkt vor, traditionelle gesellschaftliche Normen nicht zu überwinden, sondern sie nur mit umgekehrten Vorzeichen zu verstärken.

Ein Vorwurf, den Mönnikes durchaus gerechtfertigt findet, der ihn aber nicht bekümmert. Sein Familienalltag sei im Grunde so, »wie ihn, wenn ich es mir so richtig überlege, viele Hausfrauen auch machen«. Tatsächlich hätten er und seine Frau die klassischen Rollen einfach nur getauscht. »Aber wir haben es ganz rational gemacht: Was sind unsere Ziele, und wie können wir sie am einfachsten, am zweckdienlichsten umsetzen? Ich kenne auch viele, gerade im Freundes- und Bekanntenkreis, wo beim ersten Kind die Frau zu Hause geblieben ist, obwohl sie karrieretechnisch weitaus bessere Möglichkeiten hatte und auch viel mehr Geld verdient hat. Aber es war einfach so gesetzt.«

Hat Christoph Mönnikes das Abwägen zwischen Kind und Karriere dennoch lange beschäftigt? »Nur zur Anfangszeit. Soll ich das machen? Wie funktioniert das? Aber das waren wirklich nur zwei Monate, und danach war das alles kein Thema. Ich habe es auch nie bereut. Das war für mich in dieser Situation auch im Nachhinein eine goldrichtige Entscheidung. Nanu? Was ist das? Regnet es?« Wir sitzen im Garten der Großfamilie, es fallen ein paar Tropfen auf uns herab. Die zweitjüngste Tochter meldet Ansprüche auf den Vater und Familienmanager an, hinter ihrem Rücken eine Wasserpistole. »Irgendwie regnet das doch hier«, schaltet Mönnikes in den Vatimodus. »Ach, du hast gar nichts gemacht? Ich dachte schon, du hättest mich mit einer Wasserpistole bespritzt.«

Von den richtigen Partnern, dem großen Glück und den stillschweigenden Vereinbarungen

Das ist die Dynamik, die ich meinte: Die zwei Herzen, die in Jörg Eigendorfs Brust schlagen, haben Christoph Mönnikes und Sigrid Nikutta sauber unter sich aufgeteilt. Was die beiden zur Ausnahmeerscheinung – und damit ihn offenbar zum Spitzenvater – macht, ist tatsächlich nur die Umkehr der klassischen Vorzeichen. Doch auch wenn ich die Großfamilie mit Bahnanschluss deshalb für ein eher ungeeignetes Modell für die Vereinbarkeit von Kind und Karriere halte, beeindruckt mich der Pragmatismus, mit dem sie aus einer besonderen Karrieresituation – er auf beruflicher Konstante, sie auf dem Weg nach oben – ihr eigenes Familienmodell entwickelt haben. Meine These: So klar denken nicht viele über die Rollenverteilung in der Familie nach. Meist greift doch ein traditioneller Automatismus, wie ihn Christoph Mönnikes beschreibt: Die Frau wird zur Familienbeauftragten, unabhängig von Gehalt und Karriereaussichten.

Dieses Muster spiegelt sich auch in der Elternzeitquote: Neun von zehn Müttern nehmen Elternzeit, aber nur knapp vier von zehn Vätern. Und von diesen vieren nehmen drei nur das Minimum von zwei Partnermonaten. Claire Samtleben, Autorin einer Elternzeitstudie des Deutschen Instituts für Wirtschaftsforschung, kommentiert: »Es verwundert daher kaum, dass die ›Partnermonate‹ im alltäglichen Sprachgebrauch zu ›Vätermonaten‹ wurden, denn das typische Nutzungsmuster beim Elterngeld ist, dass der Vater zwei Monate nimmt und die Mutter die übrigen zwölf.«[7] Als Motiv dafür, nicht länger Elternzeit zu nehmen, nennt die Mehrheit der Väter finanzielle Gründe. Ein weiterer Grund ist die Sorge vor möglichen Nachteilen im Beruf. Dafür gibt es, so die Studie des DIW, »bisher zwar keine wissenschaftlichen Belege«, doch die Möglichkeit allein reicht offenbar schon: Väter wägen zwischen Kind und Karriere ab und treffen eine Entscheidung.

Wie war es denn bei den Männern, die zweifellos Karriere gemacht haben? Von den 17 Befragten, die Kinder haben und darüber sprechen wollen, verneinen 10, jemals zwischen Karriere und Kind abgewogen zu haben. »Dass das, was ich bisher gemacht habe, ein Familienleben nicht erleichtert, ist mir immer klar gewesen. Aber ich hatte nicht das Gefühl, dass mein Berufsleben mein Familienleben komplett unmöglich macht«, stelzt Heiko Maas etwas umständlich um ein eindeutiges »Nein« herum. »Ehrlich gesagt: Nein. Es kommt, wie es kommt«, ist Rainer Esser da eindeutiger. »Nee, nie«, ist Holger Friedrich noch klarer, um dann auszuführen: »Zu einem erfüllten Leben gehört die Herausforderung. Und es gibt nichts Herausfordernderes und Erfüllenderes als Kinder. Insofern habe ich mir immer gewünscht, dass es in irgendeiner Art und Weise gelingt. Es hängt stark davon ab, welchen Partner man findet. Und für mich war ergänzend klar, dass ich ein finanziell selbstbestimmtes Leben führen möchte, was wiederum in der direkten Folge Unternehmertum bedeutet. Es ist eine Kausalkette: unabhängig sein wollen, diese Unabhängigkeit ermöglichen und eine Familie ernähren können.«

Das ist tatsächlich die Prioritätenkette, die mir bei vielen Männern begegnet. Teilweise liegt das einfach an der zeitlichen Abfolge, wie bei Jean-Remy von Matt: »In den ersten Jahren nach unserer Gründung hatte ich noch keine Kinder und konnte mich ungehemmt um das Wohl der Firma kümmern. Danach war ich immer bemüht, auch der Familie gerecht zu werden. Aber man kennt ja die Formulierung ›war immer bemüht‹.«

Auch Jürgen Bornschein musste nicht abwägen. »Da bin ich in einer sehr komfortablen Lage. Meine Frau und ich hatten immer so eine stillschweigende Vereinbarung. Sie wollte gern zu Hause bleiben beim Kind. Und dafür musste ich mehr arbeiten. Sie hat mich unterstützt.«

»Das musste ich nicht«, verneint auch Frank-Peter Weiß (zwei Kinder) das Abwägen zwischen Kind und Karriere. »Ich hatte den glücklichen Umstand, dass meine Frau mir da viel abgenommen hat. Die Kinder hatten Glück, dass sie eine Lehrerin als Mutter hatten, die kam dann am Nachmittag nach Hause und konnte sich um die Kinder kümmern.« So einfach kann das sein.

Vielleicht ist es nur ein Generationenunterschied, aber wenn ich an die Vielzahl von Absprachen, Konflikten und Unsicherheiten rund um meine Familie, meine Firma und mich denke, dann ist mir diese Beiläufigkeit schlicht ein Rätsel. Natürlich habe auch ich Glück mit meinem Partner, aber doch nicht, weil er mich vor meiner Mutterrolle schützt. Der Vater meiner Tochter hat viel Verantwortung übernommen – aber er hat in ihren ersten Lebensjahren auch ein sehr dickes und sehr gutes Buch über die Ramones geschrieben und es auf große Lesetour gebracht. Das kann er, weil wir uns die Aufgaben tatsächlich teilen, weil Erziehung, Betreuung und Management eben auch mein Thema sind: Ich bin's, die Wächterin des Familienkalenders, die Hüterin des Kinderkleiderschranks, die Chefdiplomatin für multilaterale Kindergartenbeziehungen!

Machen wir einen kurzen Generationencheck: Waldemar Zeiler spricht immerhin nicht von Glück, er spricht von Naivität: »Beim ersten Kind waren wir einfach naiv: Wir sind Unternehmer, wir kriegen das hin.« Der einhorn-Mitgründer und seine Frau Susann Hoffmann, Co-Gründerin der Frauen-Business-Plattform Edition F, sind seit 2016 Eltern. Beide eint der Anspruch, sich die Elternrolle gerecht zu teilen. So kehrt Susann Hoffmann nach zwei Monaten Elternzeit wieder anteilig in ihre Firma zurück, Zeiler zieht sich aus seiner Firma anteilig raus. Jeder übernimmt zwei Tage, an einem Tag kommt Omi, die Wochenenden verbringen sie gemeinsam.

Vor allem Zeiler ist optimistisch, alles schon unter einen Hut zu bekommen: »Niemand hat tatsächlich vor Augen gehabt, dass es eine Beeinträchtigung für mein unternehmerisches Handeln hat, wenn da ein Kind kommt. Ich weiß aber auch, dass wir versucht haben, uns das relativ gleichberechtigt zu teilen. Auch wenn Susann viel mehr gemacht hat als ich, war das eine krasse Einschränkung. Aber das hat niemand so wahrgenommen, weil es einfach keiner so kennt, dass es für einen Mann eine Einschränkung gibt.«

Waldemar Zeiler wird 1982 »in der weiten Steppe Kasachstans« geboren. Über diese Grundinformation hinaus hält er sich mit biographischen Daten bedeckt. Er studiert International Business in Maastricht und Manila, wird Unternehmensberater und Unternehmensgründer. Mit 20 ist es sein Ziel, mit 30 Millionär zu sein, doch auf dem Weg dahin verbrennt er vor allem Geld und sich selbst. Mehrere Angestelltenverhältnisse zerbrechen an seinen Ansprüchen, mehrere eigene Ideen scheitern. Weder vorgefertigte Lebensläufe noch UMTS-Tagespässe noch das Geschäft mit Saunen machen Zeiler zum Millionär. Schließlich Burnout, Ruhephase, Rückbesinnung. 2015 gründet er gemeinsam mit Philip Siefer das Kondom-Start-up einhorn. Mit einem manchmal sauber geplant, manchmal komplett chaotisch wirkenden Mix aus gutem Marketing, öffentlichkeitswirksamen juristischen Streitigkeiten, klugen Kooperationen und der Positionierung als unternehmerische Vorreiter in praktisch allen Gesellschaftsfragen von Feminismus über Nachhaltigkeit bis zu New Work machen die beiden ihr Unternehmen zum PR- und Bilanzerfolg. Zeilers Optimismus ist also nicht unbegründet, wenn es ums nächste große Projekt geht: das gemeinsame Kind mit

Susann Hoffmann, die gleichberechtigte Übernahme elterlicher Pflichten, der vorübergehende Teilrückzug aus dem Geschäftsalltag.

»Aber die Realität ist natürlich knallhart. Bei bestimmten Entscheidungen oder Prozessen – abends noch ein Bierchen trinken, das ging einfach nicht mehr, ich war einfach nicht da.« Zeiler kommt dem Unternehmen abhanden, das Unternehmen ihm. »Natürlich fühlt man sich auch ständig bei bestimmten Themen ausgeschlossen, auch wenn das meine Partnerin noch krasser erlebt hat. Man hat das gegründet, hat alles getrieben, auf einmal verpasst man bei bestimmten Themen den Anschluss, weil man nicht da sein kann oder nicht fit genug ist.«

Nach einer Weile finden Zeiler und Hoffmann den jeweiligen Anschluss wieder und bleiben erfolgreich. Doch wenn alles ganz besonders homogen und harmonisch scheint, fallen kleine Abweichungen erst recht auf: Seine Frau hat »viel mehr gemacht«, die Distanz zu ihrer Arbeit »noch krasser erlebt«. Hier spricht Waldemar Zeiler, dessen Unternehmen Mitarbeiter*innen, die ein Kind erwarten, automatisch eine Gehaltserhöhung bietet, damit sie beim familiären Verhandeln um Kind und Karriere gute Karten haben. Der das Thema Feminismus in der Unternehmensstrategie verankert sieht und auch in Vorträgen repräsentiert. Der Freund der Frauen-Business-Plattform-Gründerin Susann Hoffmann. Hier spricht ein Mann, der sich vorgenommen hat, vollkommen gleichberechtigt in das Projekt der Elternschaft zu gehen. Und selbst in diesem Konstrukt und trotz seiner persönlichen Belastung, Müdigkeit und Erschöpfung wird beiläufig und in Nebensätzen deutlich, dass all das für ihn als Mann und Vater am Ende immer noch das kleine bisschen einfacher war als für seine Frau.

Haben Waldemar Zeiler und Susann Hoffmann denn zwischen Kind und Karriere abgewogen? »Ja, jetzt, beim zweiten Kind. Beim ersten wusste ich selbst nicht, worauf man sich einlässt. Deswegen war das im Vorfeld keine Frage. Ein Kind war eher etwas … damit erreichst du ein Level, erfährst neue Sachen, erfährst auch einen Grad von Liebe, den du vorher nicht kanntest. Eigentlich war immer klar, wir wollen ein zweites Kind. Und jetzt fragen wir uns: Geht das überhaupt so? Geht das mit dem, was wir beide beruflich vorhaben, was die Ambitionen sind? Beim zweiten Kind fragen wir uns das auf jeden Fall.«

Wenn es aufwärtsgeht, dann denkt man an solche Sachen nicht

Ich muss an die Frage des Tagesspiegels denken, deren Bedeutung sich für Waldemar Zeiler und Susann Hoffmann gerade umkehrt: »Haben Sie einen Moment gezögert und überlegt, ob das mit Ihrer Agentur und Familie zu viel wird?« Der Tagesspiegel meinte meinen Gang in den Aufsichtsrat, für Zeiler und Hoffmann stellt sich die Frage angesichts des Projekts Zweitkind. Meine Antwort damals: Ich habe Rückfragen gestellt, zehn Minuten überlegt und zugesagt. Meine Frage heute: Hat denn überhaupt jemand aus meinem Männerkreis mal vor einem Karriereschritt gezögert und überlegt, ob das noch zu seinen familiären Pflichten passt?

»In der Politik habe ich nicht gezögert. Das war aber ein

Fehler, ich hätte zögern sollen. Das war so 1996 bis 2001. Da habe ich zu sehr auf mich geguckt. Eigentlich war klar, dass das nicht beides funktioniert. Du kannst nicht acht Stunden Politik machen und danach für die Familie da sein. Das hätte ich mit dem Wissen jetzt vielleicht anders gemacht, vielleicht gar nicht gemacht«, erinnert sich Jürgen Bornschein.

»Das ist eine gute Frage. Das hätte ich vielleicht machen sollen, habe es aber nicht gemacht«, erinnert sich Rainer Esser.

Holger Friedrich hält fest: »Es gab eine gute Arbeitsteilung. Jeder hat sich mit seinen Stärken eingebracht und das, was der oder die eine nicht so gut konnte, dem anderen überlassen. Und wenn es Lücken gab, haben wir uns verständigt, wie wir diese Lücken gemeinsam schließen. Das hat bis heute gut funktioniert. Kinder sind da keine zusätzliche Last, gegen die es abzuwägen gilt. Es ist sehr viel zusätzliche Arbeit, und die allermeiste Arbeit an der Stelle hat meine Frau geleistet. Deswegen kann ich auch so flockig darüber hinweggehen – was eben auch gesagt werden muss.«

Vielleicht sollte mich Friedrichs nonchalanter Übergang von »Das war kein Problem« zu »Das war nicht mein Problem« wütend machen. Aber dafür fühlt er sich in der allgemeinen Abfolge von Glück, Stillschweigen, Arglosigkeit und Selbstverständlichkeit zu sehr nach dem Standard an. Wenn in diesem Reigen nun Axel Bosse (ein Kind) erzählt, dass neue Projekte immer auch eine Frage der Absprache sind, dann will ich ihm gar nichts unterstellen, aber ich kann mir angesichts seines normalerweise prall gefüllten Tourplans nicht vorstellen, dass diese Absprachprozesse nicht von vornherein eine gewisse Schlagseite haben.

Wenn Dr. Helmut Thoma (ein Kind) auf seine Karriere und

die Absprachen mit seiner Frau zurückblickt, sagt er: »Es gab ja nicht viel zu besprechen. Das waren Zufälle oder spontane Entscheidungen, die sich ergeben haben. Chancen muss man ergreifen. Ich habe da ziemlich einsam agiert.« Ich muss erneut an die mutigen Männer und die feigen Frauen denken.

2013 wird Heiko Maas Bundesminister der Justiz und für Verbraucherschutz. Er hatte nicht viel Zeit für die Vorbereitung. Hatte er denn Zeit, zu zögern? »Ja, das hatte ich, auch weil damit deutlich mehr verbunden war. Ich musste meinen Arbeitsmittelpunkt geographisch verlegen, aus dem Saarland nach Berlin. Das ist schon eine große Umstellung gewesen. Wir haben da in Berlin auch noch mal neu angefangen, in gewisser Weise. Insofern war das eigentlich bei der Frage, ob ich Bundesjustizminister werde, für mich die wichtigste Frage: ob ich das auch mit meinem Privatleben vereinbaren kann.« Nach der Absprache mit seiner Frau und seinen Kindern steht fest, dass die Vereinbarkeit durch den gemeinsamen Umzug gesichert würde. »Wenn, dann zusammen.« Drei Jahre nach dem gemeinsamen Umzug geben Heiko und Corinna Maas die Trennung in Freundschaft bekannt.

Wie viel Zeit hat Heiko Maas noch für seine Kinder? »Es ist tatsächlich als Außenminister noch einmal schwerer als als Justizminister, weil ich sehr viel auf Reisen bin. Ich habe versucht, die viele Zeit, die ich auf Reisen verbringe, dadurch zu kompensieren, dass ich mir Zeitblöcke herausschneide, die ich dann komplett hier in Berlin bin und auch mit meinen Kindern verbringe. Die Zeit für meine Kinder blockiere ich fest in meinem Terminkalender.«

Peter Wittkamp, die Zwänge und das Kind

»Ich habe nie gesagt, ich werde Vater und jetzt kann ich nicht
mehr arbeiten. Meine Freundin hat im ersten Jahr viel Betreuung gemacht, und ich habe das Buch geschrieben. Es gab
keine Ankündigung, dass die Dinge jetzt anders werden.«
Peter Wittkamp sitzt mit mir am Kreuzberger Paul-Lincke-
Ufer. Es ist ein schöner Frühlingstag Mitte Mai, um uns herum fühlt sich die Welt zum ersten Mal so an, als wäre Corona
langsam durchgespielt, aber zugleich sind alle noch vorsichtig und realistisch: Man weiß es halt nicht. Auch wir halten
vorbildlich Abstand.

Peter Wittkamp ist nach Selbstbeschreibung »Gagschreiber, Werber und Autor«, wird 1981 aber erst einmal in
Asbach geboren und studiert nach Pubertät und Abitur
Soziologie in Bamberg und schließlich in Berlin. Er legt gelegentlich Platten auf und schreibt für kleinere Magazine, wird als
@diktator Teil der deutschen Twitter-Avantgarde, hat Humor
und gute Ideen und landet trotzdem erst einmal in der Markt-
forschung von Universal Music, ehe wir ihn für TLGG verpflichten. Mit uns entwickelt er awardreife Kampagnen und
sehr guten Quatsch, arbeitet parallel an eigenen Ideen und
Projekten und macht sich, als er Ende 2012 keine Lust mehr
auf das Agenturleben hat, selbständig. Er schreibt für Jan Böh-
mermann, BMW und die heute-show, entwickelt Ton und
Gestus der erfolgreichen #weilwirdichlieben-Kampagne der
Berliner Verkehrsbetriebe und schreibt genug witzige Ideen
auf, um Verlage auf sich aufmerksam zu machen, die sie in
lustigen Büchern zusammenfassen. 2018 werden Wittkamp

und seine Freundin, die Autorin Judith Poznan, Eltern eines kleinen Jungen. Während seines ersten Vaterjahres schreibt Wittkamp ein lustiges Buch über ein ernstes Thema: seine Zwangsstörungen, die er damit auch erstmals seinem Freundes- und Bekanntenkreis offenbart.

Da die Beschreibung seiner Zwänge bei Wittkamp mehrere Seiten in Anspruch nimmt, werde ich mir nicht anmaßen, sie in wenigen Zeilen zusammenzufassen. Stattdessen passt sein eigener Vergleich vielleicht ganz gut: In »Für mich soll es Neurosen regnen« vergleicht er die Gesamtheit seiner Zwänge mit einem Baby, das ständig betreut, gewickelt, beschäftigt werden muss und ungemütlich werden kann, wenn es sich vernachlässigt fühlt. Anders als ein Baby gibt die Zwangsstörung aber nie etwas zurück. Stattdessen beschreibt Wittkamp in seinem Buch, wie ihn der Gedanke an ein Loch in dem Uferweg, an dem wir jetzt sitzen, wochenlang beschäftigt. Um das in seinen Augen gewaltige Sicherheitsrisiko zu beseitigen, lässt er es schließlich von einem Handwerker zubetonieren.

Wir sitzen nicht weit weg von der betonierten Stelle, aber wir sprechen nicht groß darüber, denn hier und heute soll es ja um richtige Babys gehen: Hat Peter Wittkamp, unfreiwilliger Vater einer Zwangsstörung, denn zwischen echtem Kind und Karriere abgewogen? »Ich habe schon das Gefühl, dass ich durch das Kind so einiges verpasse. Das ist schon einschränkend. Wenn du vier Stunden am Spielplatz bist, dann machst du vier Stunden nicht irgendwas Cooles für die Karriere. Ich finde auch berufliche Verwirklichung total wichtig.« Das gilt umso mehr, weil Wittkamp selbst das Gefühl hat, noch zwischen den Stühlen zu sitzen – Gagschreiber, Werber, Autor, Ratgeber – und nicht konsequent genug eine Karriere zu verfolgen. Aber wie viel Zeit bleibt bei der Suche danach denn für seinen Sohn? »Dadurch, dass ich oft zu Hause arbeite, bekomme ich schon vieles mit. Ich kriege immer mit, wenn der morgens von meiner Freundin für die Kita fertig gemacht wird. Wenn er um 16 Uhr nach Hause kommt, bin ich öfters zu Hause. Manchmal bin ich auch im Café um die Ecke, und wir treffen uns dort. Ansonsten war es eine Zeitlang schon so, dass meine Freundin mehr Kinderbetreuung macht und ich deswegen weniger von ihm mitbekomme, weil ich mehr arbeite. Mit der Zeit arbeitet sie nun wieder mehr, und ich kümmere mich öfter.« Wie bei vielen ist diese Aufteilung aber offenbar kein vollständig durchdachtes und besprochenes Konstrukt: »Da sind wir so reingewachsen, das ist immer so ein Prozess: Wie kann man es gut zusammenkriegen? Eher so nach Arbeitsaufwand.« Seine Freundin arbeitet in dieser Zeit ebenfalls als freie Texterin und Autorin, schreibt für Social-Media-Kampagnen und für Magazine und setzt sich in ihren Texten häufig mit ihrer Mutterrolle auseinander. Für den Fall, dass auch Judith Poznan wieder mehr arbeitet, hofft Wittkamp, dass nach dem Corona-Monat Mai die Kitas wieder geöffnet werden.

»Ich musste deutlich öfter das Kind betreuen, als mir lieb ist und als ich es gewohnt war. Ich kannte diese tägliche Betreuung nicht so richtig. Und das ist schon anstrengend – gerade wenn man noch eine psychische Krankheit hat und so seine Zwänge und dann noch ein Kind, also eigentlich zwei Kinder ausführt, das kann ich nicht so gut.«

»Am Wochenende finde ich auch ganz wichtig, nicht alles zusammen zu machen, sich aufzuteilen. Wir können jetzt zu zweit am Spielplatz sitzen und ihm zugucken. Oder einer geht auf den Spielplatz, und der andere macht halt das, was er gerade machen will. Also lesen, arbeiten oder einfach auf dem Sofa liegen und schlafen. Das ist vielleicht ein bisschen unromantisch, aber sehr effektiv.« Ich frage ihn danach, wie oft sie sich denn eigentlich zu dritt sehen, wie viel Zeit sie als komplette Familie verbringen. Hier wird Wittkamp plötzlich still. Von einer Sekunde auf die andere wirkt er abwesend und schwer erreichbar. Ich bin mir nicht sicher, ob ich einen größeren familiären Konfliktpunkt berührt habe oder ob sich im Gegenteil gerade etwas in ihm löst und er gleich aufspringt, um zu fröhlicher Filmmusik zu seiner Familie zu laufen. Aber da ist der Moment vorbei, Wittkamp sammelt sich und antwortet im gewohnten Ton höflicher, freundlicher Distanz: »Schon seltener. So gemeinsame Unternehmungen, das ist schon seltener.«

Ich will keine Mutmaßungen darüber anstellen, welchen Anteil Wittkamps Zwangsstörungen an dieser Familienkonstruktion haben. Doch das Motiv einer gewissen Distanz zwischen Vätern und Familien zieht sich durch viele meiner Gespräche. »Wir haben immer die Morgen zusammen, ich gucke immer, dass ich abends da bin, ich hole ihn einmal die Woche von der Kita ab, und die Wochenenden sind heilig«, bemüht sich Waldemar Zeiler. »Meine Kinder wussten immer: In der Not ist auf mich hundertprozentig Verlass, da lasse ich alles stehen und fallen und komme sofort. Und ansonsten hatte ich zu wenig Zeit«, resümiert Gregor Gysi. »Mein Leben ist zweigeteilt. Einmal bin ich nur weg, einmal bin ich nur da«, sagt Axel Bosse. Auch Heiko Maas ist viel auf Reisen.

Frank-Peter Weiß erinnert sich an konkrete Fehlentscheidungen: »Die jüngste Tochter hatte Abi-Ball, und ich hatte aber eine Dienstreise. Und da habe ich mich für die Dienstreise entschieden. Das wurmt mich bis heute. Aber damals war ich so eingespannt im Korsett, dass ich mir gar nicht vorstellen konnte, den dienstlichen Termin nicht wahrzunehmen. Jetzt ist es nicht mehr korrigierbar und bleibt als ärgerlicher Punkt in der Vita zurück. Das bleibt hartnäckig kleben.«

Auch an Joe Kaeser klebt etwas: »Es gibt Dinge, die hängen mir nach, Sachen, die ich verpasst hab, die unwiederbringlich sind. Der erste Schultag der älteren Tochter zum Beispiel, da war ich nicht da. Ich weiß nicht einmal, wo ich war, aber ich war nicht da.« Kaeser schaut zum Boden, reibt sich die Stirn, wirkt sehr betroffen. »Das kannst du ja überhaupt nicht bringen.«

Als Dr. Hellmeyer nach Hamburg geht, um eine Oberarztstelle anzutreten, lässt er seine Familie in Hessen zurück. »Mein Sohn war neun. Ich weiß noch, wie der weinend am Küchentisch saß: Papa geht weg. Das Bild habe ich heute noch vor Augen.« Nach zwei Jahren in Hamburg geht Hellmeyer nach Berlin, der elfjährige Sohn besucht ihn fast jedes Wochenende, nach weiteren zwei Jahren zieht die Familie nach: »Dann waren wir wieder zusammengeführt. Aber vier Jahre ... Das ist schon ein großer Preis.« Auch Hellmeyer wird an dieser Stelle langsamer, überlegter, trauriger. »Und da war für meine Frau auch klar: Ich krieg jetzt nicht noch ein zweites Kind. Ich glaube, bei zwei Kindern hätte ich das auch nicht so gemacht. Dann wäre das irgendwie anders gekommen.«

Als ich mit Gregor Gysi über Vorbilder spreche, fällt ihm Jenny Marx ein: »Man unterschätzt immer, was die Frauen alles weggetragen haben für ihre berühmten Männer.« Mir fällt es zunehmend schwer, das zu unterschätzen.

Wer passt eigentlich auf die Kinder auf?

»Auf jeder Veranstaltung werde ich gefragt, wo denn das Baby sei«, erzählt die Frau des Spitzenvaters 2019, die Astronautin Insa Thiele-Eich, im Gespräch mit dem Blog Stadt Land Mama.[8] »OH GOTT, MEIN BABY, DAS HABE ICH JA TOTAL VERGESSEN!«, hat sie wahrscheinlich noch nie geantwortet. Sondern wie ich die langweilige Wahrheit gesagt und gelächelt. Ich finde diese Frage ja unmöglich und sehr privat, gerade im üblichen Smalltalk-Kontext. Und ich bin mir sehr sicher, dass man sie einem Axel Bosse auf Tour, einem Heiko Maas auf diplomatischer Mission, einem Dr. Hellmeyer im Kreißsaal und einem Waldemar Zeiler auf der Vortragsbühne so gut wie nie stellt.

Das Ungleichgewicht in der Frage von Familie und Vereinbarkeit scheint mir offensichtlich. Und zugleich höre ich von Männern, die dieses Ungleichgewicht selbst leben oder gelebt haben, dass sie eigentlich nie abwägen mussten. Ich höre von Männern, die mutiger sind und Gelegenheiten ergreifen. Ich höre von Frauen, die sich nicht trauen, und von dem Karriereknick, den sie als Mutter erleben. Ich höre, dass die Frauenquote gegen das gelobte Prinzip der Leistungsgerechtigkeit verstößt. Ich schaue auf die Statistiken zu Elternzeit und Teilzeitarbeit. Und ich frage mich ernsthaft, warum die Diskussion darüber sich so selten um Lösungen dreht und so oft darum, ob wir überhaupt ein Problem haben. »Was wollen Frauen eigentlich noch?«,[9] fragt die Welt im März 2019, als es um eine Frauenquote in der Hamburger Bürgerschaft geht. Dass es in diesem Fall eine Journalistin ist, die das Problem anzweifelt, statt Lösungen zu entwickeln, macht es nicht besser.

Um es einmal etwas konkreter zu verhandeln: Anfang 2020 entwickelt sich in den deutschen Wirtschaftsmedien eine Diskussion über die vorübergehende Mandatsniederlegung von Aufsichtsrät*innen und Vorständen. Konkret geht es um Delia Lachance, Vorstandsmitglied und Chief Creative Officer von Westwing, die in den Mutterschutz und die Elternzeit geht. Die Rechtsprechung sieht in ihrer Position kein vorübergehendes Aussetzen vor. Lachance muss komplett aus dem Vorstand ausscheiden, ohne das Recht oder den Anspruch darauf, ihre Position am Ende der Elternzeit wiederzuerlangen. Ja, diese Regelung betrifft grundsätzlich auch Männer, aber doch, Erfahrung und Statistik lehren uns, dass das klassische Mutterrollenbild hier eine unfaire Chancenverteilung bedingt.

Dass die Corona-Krise die Ungleichverteilung von Familienaufgaben und Care-Arbeit noch verstärkt, erkennt das Wissenschaftszentrum Berlin für Sozialforschung in der Studie »Erwerbsarbeit in Zeiten von Corona«.[10] Nicht nur die Arbeitszufriedenheit, sondern auch der Umfang der Erwerbsarbeit nimmt bei Eltern stärker ab als bei Kinderlosen – und bei Frauen stärker als bei Männern. »Da Frauen oft weniger verdienen, ist es aus finanzieller Sicht naheliegend, wenn sie zu Hause die Hauptlast übernehmen«, schlussfolgert Mareike Bünning, eine der Studienautor*innen.[11] Im Home-Office arbeiten müssen die meisten Mütter natürlich dennoch.

Im Juni 2020 sieht Jochen König auf ZEIT Online die Schuld an der Ungleichverteilung klar bei den Vätern: »Wenn man sich auf nichts anderes mehr verlassen kann, dann zumindest auf die Wirkungsmächtigkeit der Geschlechterbilder des letzten Jahrhunderts und auf den Unwillen der Väter, ihren Anteil zu leisten.«[12] Er betrachtet die Politik der Ermutigung, des Lockens und des freundlichen Anstupsens der Väter als gescheitert. Er fordert radikalere Lösungen, gesetzliche Verpflichtungen der Väter.

Ich verstehe den Reflex, solche radikalen Forderungen radikal zurückzuweisen: Sie sind eine sehr grobe Keule für eine durchaus komplexe Problemlage. Doch zu leugnen, dass es eine Problemlage gibt, bringt uns nicht voran. Im September 2019 konstatiert das Institut für Demoskopie Allensbach zwar, dass sich die Rollenbilder von Vätern und Müttern verändern.[13] In derselben Studie für das Bundesministerium für Familie, Senioren, Frauen und Jugend legt das Institut aber auch dar, in welche schizophrene Situation diese Veränderung beide Geschlechter bringt: »Von den Vätern wird eher als von den Müttern die Unterhaltssicherung für die Familie erwartet, von den Müttern – auch wenn sie nach Ansicht eines beträchtlichen Teils der Bevölkerung ebenfalls berufstätig sein sollen – eher eine Unterbrechung der Erwerbstätigkeit zur Betreuung der Kinder in einer ersten Phase nach der Geburt. Für das Verhalten im Binnenraum der Familie richten sich jedoch ähnliche zentrale Rollenerwartungen an Mütter und Väter: Beide sollen so viel Zeit wie möglich mit ihren Kindern verbringen, sich um deren schulische Angelegenheiten kümmern und ihnen liebevolle Vorbilder sein.« Einmal alles von allen für alle also.

Wie so viele Gegenwarts- und Zukunftsdiskussionen steckt die Debatte um die Vereinbarkeit von Familie und Karriere in einer Sackgasse der Phantasielosigkeit, geprägt von den Bildern, Modellen und Strukturen vergangener Zeiten. »Vereinbarkeit« wird hier meist als Ressource verhandelt, die jetzt mal ein wenig gleichmäßiger zwischen den Geschlechtern verteilt werden muss – ohne allerdings das überholte System an sich in Frage zu stellen. Oder sie wird als ein neu zu installierendes Upgrade verstanden, das richtig implementiert schon für echte Gleichberechtigung sorgen wird – ohne allerdings das überholte System an sich in Frage zu stellen. Dabei verändern sich, den Erfahrungen meiner erfolgreichen Männer zum Trotz, nicht nur die Rollenbilder von Vätern und Müttern oder die grundsätzlichen Vorstellungen davon, was es bedeutet, diese Rollen konsequent zu erfüllen und zu leben. Es verändert sich auch der gesellschaftliche Rahmen: die Anforderungen der Arbeitsmärkte, die Ansprüche und Fähigkeiten der Arbeitskräfte, das Konzept der Arbeit an sich und damit auch die Strukturen, Mechanismen und Institutionen, die unsere Marktwirtschaft sozial machen sollen.

Die Diskussion um Vereinbarkeit kann so, wie wir sie führen, immer nur in Kreisen verlaufen. Wir weigern uns standhaft, anzuerkennen, dass sich unsere Welt massiv verändert und dass von uns neue Ideen und Positionen gefragt sind. Wir wollen Zukunft gestalten, aber wir haben noch nicht einmal unsere Gegenwart beisammen.

»Die härtesten Arbeitstage waren für mich dann, wenn ich allein zu Hause mit den Kindern war und als Reporter kurz vor Redaktionsschluss unter Druck stand«, erinnert sich Jörg Eigendorf. »Da habe ich die schlimmsten Fehler gemacht – wenn man einen Kommentar schreibt und zwei Kinder zu Hause hat, die vier und fünf Jahre alt sind und einfach nicht verstehen wollen, dass Papa jetzt, obwohl er zu Hause ist, fast die ganze Zeit arbeiten muss.«

Das ist eine Erfahrung, die Männer viel öfter machen müssen. Nicht weil ich ihnen Frust, Stress, Böses und Ungemach wünsche – sondern weil es eine Alltagserfahrung ist, die allen zusteht und die von allen einen Beitrag erwartet.

HABEN SIE DAS GEFÜHL, DASS SIE FÜR IHRE KARRIERE PERSÖNLICH VIEL OPFERN MUSSTEN?

»Es kommt immer darauf an, was man als Opfer deklariert. Aber es ist schon so, dass ich alles, was ich tue, dafür tue. Es gibt kein anderes Leben.«

Fynn Kliemann

Mein Notizbuch habe ich immer dabei. Es ist das Herz der Operation Fränzi Kühne. Dort hinein schreibe ich alles, was wichtig ist, wichtig war, wichtig scheint, wichtig werden könnte. Wenn es voll ist, wird es von einem neuen Notizbuch abgelöst. Als mich mein Freund Christoph Bornschein 2007 zum Gaming-Unternehmen Frogster holt, füllt sich die damalige Notizbuchedition schnell mit allerlei Gaming-, Fantasy- und Marketing-Vokabular, mit Begriffen wie »Community«, »MMORPG«, »LARP« und »KPIs«. Als wir nach einiger Zeit beschließen, unsere Arbeit bei Frogster zum Gegenstand eines eigenen Unternehmens zu machen, werden weitere Seiten gefüllt. Ich lerne, warum man zum Notar gehen muss, wie Kassenbücher geführt werden, was eine GmbH ist.

»Ich wusste nicht, was eine GmbH ist«, zitiert mich der Berliner Tagesspiegel im Juli 2018 in der Titelzeile eines Interviews.[1] Und ganz genau so war das damals, zehn Jahre zuvor. Gegründet haben Christoph, Boontham und ich trotz-

dem eine. Weil es ging. Manch einer mag bei so viel Unbe-
darftheit mit den Augen rollen, aber es ist doch ganz einfach:
Was eine GmbH ist, lernt man, wenn man's braucht, in fünf
Minuten. Was man aber mit ihr macht, wohin man sie führt,
wie sie einen selbst verändert, das lernt man dann sein Leben
lang. Dafür gibt es keine Vorbereitung.

Entsprechend spielten bei der Gründung von TLGG zwei
wesentliche Faktoren eine Rolle: Zum einen teilen wir die
vielleicht etwas arrogante Gewissheit, dass unser Fokus aufs
Digitale, auf Communities und soziale Medien eine gute Ge-
schäftsgrundlage bildet. Zum anderen teilen wir eine gewisse
Sorglosigkeit: Wir sind zu zwei Dritteln jung, zu einem Drittel etwas älter und aber unbedingt erfahren. Wenn das nicht
klappt, fallen wir alle auf jeden Fall sanft – in ein Studium zurück oder in einen anderen guten Agenturjob. Wir hätten unsere Firma vielleicht auch nicht unbedingt »Torben, Lucie und
die gelbe Gefahr« genannt, wenn wir ernsthaft damit gerech-
net hätten, irgendwann 200 Mitarbeiter*innen und ein Büro
in New York zu haben, wo den Namen eh niemand versteht.

Diese Leichtigkeit, das Vertrauen in ein Gelingen oder einen sanften Fall, ist eine feste Größe in meinem Leben. Doch
sie hat ab und an eben doch ihren Preis. Nicht alles, was man
lernt, wird einem ins Notizbuch diktiert. Manchmal macht
man Fehler, und manchmal zu Lasten anderer. 2011 ist unsere
Agentur drei Jahre alt, und wir haben etwa 30 Mitarbeiter*innen. Als ich einem von ihnen sagen muss, dass wir uns von
ihm trennen werden, bereite ich mich auf das Gespräch vor,
setze mich in unseren einen Meetingraum, bin aufgeregt: Es
ist mein erstes Kündigungsgespräch als Arbeitgeberin.

Es wird ein Kündigungsgespräch wie aus dem HR-Lehrbuch – ein Musterbeispiel für »Wie man es nicht machen soll«. Ich verhaue es nach allen Regeln der Kunst. Ich lerne danach zwar schnell, dass man nach einem freundlichen, aber kurzen Einstieg offen zur Sache kommt und alles Weitere danach klärt. Doch meine Premiere folgt der entgegengesetzten Philosophie. Ich versuche, erst einmal ganz viel Kontext zu geben, eine Kulisse aufzubauen, unsere Motivation zu erklären. Die Kündigung soll, wenn ich sie dann ausspreche, durchdacht und richtig und verständlich wirken, sanft gepolstert durch viele Sätze zur guten Zusammenarbeit und zur schwierigen Chemie im Team.

Überraschung: Was sich bis zum Gesprächsbeginn wie eine gute Idee anfühlt, ist gar keine. Ich verzettle mich, schweife ab, mein Gegenüber ist verwirrt. Er weiß nicht, wo ich hinwill. Ich weiß nicht, wie ich dort ankomme. Als ich dann endlich sagen kann, dass wir uns von ihm trennen wollen, ist er so verblüfft, dass er mir tatsächlich erst einmal nicht glaubt: »Verarschst du mich?« Leider nein, ich meine das alles sehr ernst, ich bin nur sehr schlecht darin. »Du schmeißt mich jetzt nicht raus, oder?« Ich werde sehr, sehr rot.

Wenn man mich nach den Opfern fragt, die ich für meine Karriere bringen musste, fallen mir am ehesten die wenigen Situationen ein, in denen Leichtigkeit und Grundvertrauen mir und vor allem anderen Leuten mit Schmackes auf die Füße gefallen sind. Ich habe Gott sei Dank nicht nur aus Fehlern gelernt, aber gelegentlich eben doch. Die Scham zu ertragen fällt mir nicht schwer, doch der Schmerz, den man anderen dabei zufügt, wie groß oder klein auch immer, das ist am ehesten das, was ich wirklich als »Opfer« verstehen würde. Aber auch dafür gibt es keine verlässliche Vorbereitung. Wenn mich vor meiner Kündigungspremiere jemand in alle Feinheiten und Strategien eingeführt hätte, ich wäre trotzdem auf die Nase gefallen. Ich hätte nicht geglaubt, dass Menschen so funktionieren, ich wäre mir manipulativ und unaufrichtig vorgekommen, wo ich doch gerade besonders offen und transparent sein wollte. Manche Fehler muss man einfach selber machen, und die beste Vorbereitung auf ein gelungenes zweites Mal ist manchmal ein krachend gescheitertes erstes.

Als mich im März 2018 das Wirtschaftsmagazin Capital fragt, ob mich zum Beispiel die Uni auf die Arbeit als Geschäftsführerin vorbereitet habe,[2] antworte ich entsprechend, dass ich in den ersten Jahren bei TLGG so viel gelernt habe wie nie zuvor. Die Arbeit als Geschäftsführerin ist meine tägliche Vorbereitung. Aber natürlich hat mir auch die Uni etwas mitgegeben: Ich habe Jura-Grundlagen mitgenommen, Lernen gelernt, Christoph getroffen und zu guter Letzt auch geübt, Prioritäten zu setzen und Entscheidungen zu treffen. Im selben Interview folgt die Frage, wie ich selbst mich auf die Rolle als Aufsichtsrätin vorbereitet habe. Auch das Handelsblatt fragt mich nach meiner Vorbereitung.[3] Ich erzähle, dass ich mich als gewählte Aufsichtsrätin mit meiner neuen Rolle beschäftigt, viel gelesen, viel gefragt, mir viel angeschaut habe. Auch da habe ich Fehler gemacht, etwa auf eigene Faust Standorte des Unternehmens besucht, um mich in meine Aufgabe zu finden – was unter Aufsichtsrät*innen ganz und gar nicht üblich ist. Ich habe mir dann auch Unterstützung gesucht, arbeite mit einer Beraterin in einem Board-Office zusammen, die mich bei der Auswertung der Unternehmensinformationen unterstützt. Groß vorbereitet aber habe ich mich tatsächlich nicht.

Vielleicht bin ich hier zu empfindlich, aber die Fragestellung ärgert mich, vor allem im Kontext eines Wirtschaftsmagazins. Kontext ist wichtig, *context is king*. Wenn mich eine andere werdende Aufsichtsrätin nach Tipps fragt oder sich eine Schul- oder Unizeitung nach meiner Vorbereitung vor einem Karriereschritt erkundigt, dann ist das für mich klar nachvollziehbar und ich erzähle gerne. Wenn mich aber Wirtschaftsmedien fragen, die oft auf derselben Seite dann über mein Aussehen oder meine generelle gefühlte Andersartigkeit schreiben, dann bekommt die Frage einen unangenehmen Prüfungscharakter: Haben Sie sich denn auch gut genug vorbereitet?

Bilden Sie sich gern selbst eine Meinung. Ich bin Teil eines Teams, das eine Agentur von einem Winzbüro in Berlin-Friedrichshain zu Millionenumsätzen, internationaler Präsenz, dreistelliger Mitarbeiter*innenzahl und allgemeiner Spitzenmäßigkeit geführt hat. Ich habe dabei viel über Menschen, Teams, Führung, Strategie, Kommunikation, Kultur, Geld, Wirtschaft und mich selbst gelernt. Ich kann Kündigungen aussprechen, ohne dass sich jemand verarscht fühlt. Wie ich mich auf neue Rollen und Aufgaben vorbereite? Ich lese mir ein paar Sachen dazu durch, stelle ein paar Fragen und sehe dann zu, an alles mit offenen Augen, offenen Ohren und wachem Verstand heranzugehen, zu verarbeiten und zu lernen. Meine Gespräche mit erfolgreichen Männern zeigen mir übrigens, dass das keine besonders seltene Art der Vorbereitung ist.

In Kapitel vier haben wir kurz darüber gesprochen, dass sich Jörg Eigendorf vor dem Antritt als Konzernsprecher von erfahrenen Kommunikationsexperten beraten ließ. Damit war er eine ganz klare Ausnahme. Alle anderen hatten für die Vorbereitung nur wenig Zeit und/oder sind halt so reingewachsen. Fynn Kliemann fasst es für die meisten erfolgreichen Männer – und auch für mich – wahrscheinlich am besten zusammen: »Hey, gar nicht!«, lacht er. »Das ist doch einfach so passiert!«

Auch Holger Friedrich muss kurz prusten, eh er »Wenig bis gar nicht« antwortet. Bausa wiederholt das Wort belustigt: »Vorbereitet.« Helmut Thoma hat sich ins Thema gelesen, der Rest ist »learning by doing« . Ole von Beust erinnert sich an seinen Amtsantritt als Bürgermeister von Hamburg: »Ich weiß noch genau, in den ersten Tagen, nachdem ich gewählt wurde – die Vereidigung war im Frühjahr 2001 –, da saß ich am Schreibtisch, noch mit den Möbeln meines Amtsvorgängers, und dachte: Was mache ich jetzt eigentlich? Wie regiert man eigentlich? Ich hatte keine Ahnung, wie es funktioniert. Sie haben schon einen starken Apparat, eine eigene Senatskanzlei oder Staatskanzlei. Und wenn Sie gute Beamte haben, die führen Sie so langsam rein. Aber es gibt keine Checkliste: Das und das und das musst du jetzt machen.« Gregor Gysi, der 2002 für einige Monate stellvertretender Bürgermeister von Berlin war, berichtet ähnlich: »Als ich Senator und Bürgermeister von Berlin wurde, habe ich mehrere Monate keine Interviews gegeben. Die Journalistinnen und Journalisten waren sauer. Aber ich habe gesagt: Ich muss mich erst einarbeiten. Das muss man sich selbst organisieren. Politik ist nicht so organisiert, dass du Vorbereitungszeit bekommst.«

Wenn es vor einigen Kapiteln so klang, als würde ich die »Man-wächst-da-rein«-Attitüde der meisten meiner Interviewpartner für ein Problem halten, möchte ich das noch einmal richtigstellen. Ich halte die »Man wächst da rein«-Attitüde nicht nur für weitgehend unproblematisch. Ich halte sie für valide und gesund und würde sie viel mehr Leuten wünschen. Vielleicht nicht von null auf Herzchirurg, aber im Erkennen und Wahrnehmen von Gelegenheiten und Aufgaben, die etwas größer sind als gewohnt.

Grundlegend zugetraut haben Sie sich die Rolle aber schon?

Als die Siemens AG Joe Kaeser zum Vorstandsvorsitzenden macht, ist der gebürtige Bayer schon seit mehr als 30 Jahren Teil des Unternehmens. 1957 als Josef Käser und als Sohn eines Schlossers und einer Hausfrau und gelernten Friseurin geboren, tritt Kaeser nach einem BWL-Studium mit Anfang 20 bei Siemens ein, übernimmt bald Leitungsfunktionen, wird 1994 Executive Vice President und Chief Financial Officer bei der US-Tochter Siemens Microelectronics in San José. Als Joe Kaeser kehrt er Ende der neunziger Jahre zurück, wird 2006 Teil des Siemens-Vorstands und schließlich Chef des Unternehmens. Joe Kaeser ist verheiratet und hat zwei Töchter, beide sind heute Anfang 30.

Als der Aufsichtsrat Kaeser 2013 zum Vorstandsvorsitzenden wählt, steckt das Unternehmen mitten in schwierigen Zeiten: verfehlte Umsatzziele, Korruptionsskandale, fehlende Vision. Wie hat er sich – abgesehen davon, dass er als Finanzchef die Vorstandsarbeit ja kannte – auf seine neue Rolle vorbereitet? »Gar nicht. Denn es war dazu keine Zeit. Das ging ein bisschen hopplahopp. Es ist ja bekannt, dass das keine langfristige Personalplanung war. Deshalb war es mir auch so wichtig, dass wir für meine Nachfolge langfristig planen und eine gute Vorbereitung machen. Damals war das Unternehmen in einer schlechten Verfassung, inhaltlich noch viel schlechter, als das die Zahlen zeigten. Bei so langzyklischen Geschäften merkt man das erst mit dem größten Verzug, und wir waren da ganz schön auf Talfahrt. Da war wenig Zeit für Vorbereitung.« Aber, um eine Frage des Handelsblattes an mich jetzt an ihn zu überreichen, grundlegend zugetraut hat er sich den Job als Vorstandsvorsitzender eines börsennotierten Unternehmens schon? Kaeser überrascht als einer der wenigen, die nicht reflexhaft bejahen: »Wenn in einer Notsituation die Frage kommt, ob man's machen will oder nicht, dann sagt man ja oder nein. Da gibt es auch nicht sehr viel Zeit zum Überlegen. Es war allerdings schon eine natürliche Konstellation, weil mir als Finanzvorstand die Aufgabe in weiten Teilen zumindest nicht fremd war.« Es sei, fügt er etwas verschmitzt hinzu, in einem so großen Unternehmen auch gar nicht so gut, wenn man alles bis ins letzte Detail versteht, »weil man dann auch sehr wenig Raum für die Arbeit der anderen lässt. Wichtig ist, dass man ein gutes Team hat.«

Ich treffe Joe Kaeser im Siemens-Büro am Berliner Gendarmenmarkt. Die Terminfindung war ein wenig holprig, jetzt hat es kurzfristig geklappt, ich bereite mich in einem Café gegenüber auf unseren Termin vor. Plötzlich tippt mir jemand auf die Schulter: eine Frau, die mich erkennt und mir recht aufgeregt, voller Freude und in vielen Worten erzählt, dass sie Fan von mir ist. Ich fühle mich geehrt, bin aber hauptsächlich überfordert: Auf solche Situationen haben mich die langen Social-Distancing-Wochen ganz und gar nicht vorbereitet. Wir sprechen kurz, verabschieden uns, ich gehe zum Siemens-Eingang und warte auf Abholung.

Ein paar Meter weiter telefoniert ein Geschäftsmann im Anzug, schaut mich an, bewegt den Mund, ruft mir tonlos etwas zu. Ah, er will mir wohl sagen, wo ich klingeln muss. Ich signalisiere ihm, dass ich schon Bescheid weiß, und wende mich wieder dem Eingang zu. Er telefoniert weiter, schlendert dabei ganz beiläufig wieder in meine Nähe, sagt irgendwas. Ich verstehe ihn nicht. Er hält sein Telefon zu, kommt näher: »Ich wollte dir sagen, dass du hübsch bist.« Ich reagiere wohl zu passiv, denn am Ende seines Telefonats kommt er noch einmal zu mir und wiederholt seinen Spruch. Ich sage ihm, dass ich diese Art Anmache nicht schätze, lehne seine entschuldigend ausgestreckte Hand mit Corona-Begründung ab und werde in diesem Moment dankenswerterweise abgeholt. Irgendwie erwarte ich, dass hier gleich ein Scherz aufgelöst wird, ein arrangiertes Schauspiel von Leuten, die wissen, dass ich dieses Buch schreibe: Der weibliche Blick auf eine erfolgreiche Frau, der männliche Blick auf eine erfolgreiche Frau. Es passt einfach zu gut. Wo ist die versteckte Kamera?

Kaeser empfängt mich zunächst etwas reserviert, mit professioneller Ausrüstung möchte er bitte nicht aufgenommen werden. Ich erkläre ihm das Konzept des Fragebogens und bereite ihn darauf vor, dass manche Fragen etwas komisch klingen können. »Ich muss sie ja nicht alle beantworten«, entgegnet er. »Insofern: nicht so schlimm.« Dabei kann man nach 40 Jahren Betriebszugehörigkeit und 14 im Vorstand wahrscheinlich sowieso nur schwer trennen, wo Sach- und Fachfragen enden und wo der persönliche Bereich beginnt.

Kaeser war in seiner nun auslaufenden Zeit als Siemens-Chef nicht unumstritten, aber wurde er denn ernst genommen? Er atmet ein, sammelt sich kurz, entscheidet sich für die Antwort des Diplomaten: »Zumindest haben wir es damals zusammen gut hingekriegt und das Unternehmen wieder auf Kurs gebracht. Und das zählt am Ende.« Das meine ich mit den fließenden Übergängen: Kaeser beantwortet die auf sein persönliches Erleben bezogene Frage diplomatisch und amtsadäquat. Wer sich jedoch an die Konflikte und Turbulenzen um seine Berufung 2013 erinnert, für den klingt hier durchaus auch persönliche Information über Kaesers Führungsverständnis und sein Selbst- und Rollenbild durch: selbstbewusst, machtbewusst, vermittelnd und doch bestimmend, lösungs-, aber auch karriereorientiert. Wenn man über Kaeser liest, sind sich Freunde und Gegner meist in einem einig: Ernst nehmen muss man ihn.

Ob ich selbst mich in Chefetagen und Aufsichtsräten ernst genommen fühle, wurde ich in verschiedenen Variationen gefragt, gelegentlich in Kombination mit »(…) oder hat man Sie als Quotenfrau behandelt?«. Mich irritiert dieses Klischeedenken sehr. Es gibt ganz sicher Aufsichtsräte, Führungskräfte, Manager, die Frauenquoten ablehnen, die Frauen gegenüber mindestens skeptisch, mitunter offen feindselig sind. Ich habe einige von ihnen getroffen und denke nicht, dass man die von ihnen gepflegten Ansichten und Vorurteile unkommentiert lassen sollte. Hier passiert aber das Gegenteil: Es wird das Klischee der verschlossenen Männerwelt zum Standard der Erzählung gemacht, und die junge Frau mit Undercut als die Außenseiterin inszeniert, die diese fremde und seltsame Welt betritt. Damit wird aber leider auch das Klischee der Frauenquote reproduziert, sie brächte Frauen in Positionen, in denen sie eigentlich nichts zu suchen haben, weil sie halt Frauen sind. Es macht mich sehr müde.

Ich wurde ja nicht nominiert und gewählt, weil man mich auflaufen lassen will. Und auch wenn es in Konzernen wie überall sicher auch viel Politik, manche Intrige, gelegentlich Hinterhältigkeiten gibt, gibt es da auch erst einmal viele gute Leute, die mit anderen guten Leuten zusammen gute Arbeit machen wollen. Und ich bin eine davon, mir geht es genauso, denn die auch von mir geäußerte Kritik am traditionellen Machtkonstrukt der »alten weißen Männer« bedeutet ja nicht, in jedem alten weißen Mann einen Gegner zu sehen.

Fühlen Sie sich als Exot?

Ich habe bei den ersten Männergesprächen noch versucht, ein männliches Äquivalent zur Quotenfrau zu finden, es dann aber aufgegeben und nur noch danach gefragt, ob sich die erfolgreichen Männer in ihren Erfolgsrollen ernst genommen fühlten. Ähnlich exemplarische Antworten wie Kaeser geben dabei Holger Friedrich und Waldemar Zeiler. Friedrich bezieht sich auf die Verlagsbranche und seine Rolle als Neuling darin: »Die Frage ist nicht abschließend zu beantworten.« An dem Tag, an dem die Friedrichs den Kauf des Berliner Verlages publizierten, so erzählt er, fand auch die Jahrestagung des Bundesverbandes Deutscher Zeitungsverleger statt, »ironischerweise im E-Werk, also in unserem Wohnzimmer. Dort erklärte der Präsident in seiner Keynote auf offener Bühne, dass mit unserem Engagement ein Fehler im System offensichtlich würde. Damit war vieles gesagt und eine Richtung vorgegeben.«

Doch für seine Leistung innerhalb dieses Systems und dieses Klimas zieht Friedrich im Mai 2020 eine positive Bilanz: »Wir haben seitdem jeden Tag Zeitungen veröffentlicht. Alles, was wir uns vorgenommen hatten, haben wir geschafft, obwohl ein technischer Dienstleister wegrannte und Corona zu überstehen war. Wir gehen respektvoll und professionell miteinander um. Den Rest wird die Zeit zeigen.«

Ob er sich als Exot fühle? »Das ist eine lustige Frage«, sagt Waldemar Zeiler, aber er findet die Rolle des Exoten für sich und sein Unternehmen einhorn durchaus passend, »weil wir auch versuchen, rauszufallen und zu provozieren«. Tatsächlich hätte er anfangs in Gründerszene und Mittelstand deutlich mehr Gegenwind und Spott erwartet, doch einhorn wurde schlicht ziemlich schnell ziemlich erfolgreich. »Die meisten Leute messen das ja so: Wenn es dann erfolgreich ist, dann ist es cool. Wenn wir nach zwei Jahren pleite gewesen wären, hätten sich sicher viele darüber lustig gemacht.« Damit sprechen Kaeser, Friedrich und Zeiler im Grunde für alle: Wenn mich jemand nicht ernst nimmt, dann ist das erst einmal nicht mein Problem. Reingehen, liefern, Erfolge für sich sprechen lassen.

Auch Gregor Gysi ist da keine Ausnahme, doch bei ihm sehe ich auch die Gelegenheit, nach einer Quotenrolle zu fragen. Der 1948 in Berlin-Lichtenberg geborene Gysi studiert nach Abitur und Rinderzuchtlehre Rechtswissenschaften an der Humboldt-Universität, der größten Universität der DDR. »Meine Mutter war Verlegerin und arbeitete dann im Kulturministerium, zuständig für internationale Beziehungen. Mein

Vater war Verleger, dann Kulturminister, dann Botschafter, dann Staatssekretär für Kirchenfragen. Und für mich war völlig klar, dass ich in der DDR auf gar keinen Fall in die Politik gehe. Sie hatten mir mal vorgeschlagen, Schauspieler zu werden, und so oppositionell war ich schon gegenüber meinen Eltern, dass das damit schon ausgeschlossen war.« Er wird Anwalt und SED-Mitglied, 20 Jahre später eine prominente Stimme in der Wendezeit und im Dezember Vorsitzender der SED-PDS. Den politischen Widersprüchen und der Dialektik der Person Gysi kann eine Kurzbiographie unmöglich gerecht werden, deshalb versuche ich es an dieser Stelle gar nicht erst. Gysi ist eloquent und rhetorisch versiert, es ist selbst dann eine Freude, ihm zuzuhören, wenn man nicht mit ihm übereinstimmt.

Er ist außerdem Vater dreier Kinder, sein ältester Sohn ist sein 1964 geborener Adoptivsohn, seine jüngste Tochter wurde 1996 geboren, zwischenzeitlich war Gysi alleinerziehender Vater in der DDR. »Das war damals eine Rarität.« In seiner Vaterrolle hätte er sich zugleich privilegiert und nicht ernst genommen gefühlt. Im beruflichen Kontext wurden seine Vaterpflichten mitunter ignoriert, im privaten Umfeld wurde ihm sehr viel mehr Hilfe angeboten als alleinerziehenden Müttern. Das ist rund 50 Jahre her und passt doch immer noch ins Bild.

1990 wird Gysi als Vorsitzender der PDS in den ersten gesamtdeutschen Bundestag gewählt, der damals noch in Bonn tagt. Er sieht sich in der Opposition einer Regierung gegenüber, die ihre ostdeutschen Minister zunächst hauptsächlich als »Minister für besondere Aufgaben« besetzt, die den Vollzug der Wiedervereinigung begleiten sollen. Mit der Uckermärkerin Angela Merkel als Ministerin für Frauen und Jugend gibt es zwar eine bemerkenswerte Ausnahme, doch der Spott gegenüber den anderen ostdeutschen Ministern als »Minister ohne Aufgaben« ist sicher ein Symptom für die Attitüden dieser Zeit.

Danach gefragt, wie ernst und wie sehr als Quotenossi wahrgenommen er sich fühlte, erinnert sich Gysi tatsächlich daran, sich anfangs sehr fremd und ausgeschlossen gefühlt zu haben. Doch viele Gespräche und Erlebnisse hätten ihm seinen Irrtum offenbart: Das Gefühl der Unsicherheit war gegenseitig. Auch die westdeutschen Politiker trugen diesen Mix aus Skepsis, Minderwertigkeitskomplexen und dem Wunsch nach Anerkennung und Gemeinschaft in sich. Diese Erkenntnis habe ihm vieles einfacher gemacht.

»Fühlen Sie sich als Exotin?«, fragt mich das Handelsblatt. »Fühlen Sie sich als Exot?«, frage ich Gregor Gysi. »Exotisch wäre übertrieben«, sagt er und formuliert dennoch Alleinstellungsmerkmale für sich: »Ich bin selbstironisch. Und das sind nur wenige. Überhaupt das Ernsthafte, was ich ja betreibe, durchaus mit Humor zu mischen, liegt mir.«

Die Vielfalt der Antworten auf die Frage nach dem Exotengefühl überrascht mich. Nur wenige verneinen das Gefühl rundheraus. Heiko Maas und Bausa gehören dazu, Ole von Beust muss lachen: »Witzige Frage, ehrlich gesagt. Wer ist schon Exot? Jeder ist doch, wie er ist, mit allen Ecken und Kanten und Unterschiedlichkeiten. Ich habe bislang wenig Exoten kennengelernt.« Und Joe Kaeser wird ein bisschen spitzfindig: »Nein. Und wenn schon, dann würde es mir auch nichts ausmachen. Sie haben es ja vorhin selbst gesagt: Als alter weißer Mann mit grauen Schläfen bin ich doch nicht exotisch, oder?« Tatsächlich war das auch mein Gedanke, aber irgendwie überrascht doch jeder mit Eigenschaften oder Umständen, die ihn in seinen Augen zum Exoten machen.

Frater Rafael hebt sich durch seine Karrierewahl, aber auch schon optisch durch seine Kleidung ab: »Natürlich. Gerade wenn ich in Berlin unterwegs bin, ist das was sehr Exotisches. Ich würde aber nicht sagen, dass ich mich da unwohl fühle. Ich will auch niemanden schockieren oder so. Es ist einfach ein Zeichen, dass Gott mit uns Menschen unterwegs ist. Und es ist auch ein Angebot, gerade für Menschen, die vielleicht in seelischer Not sind, die einen Gesprächspartner brauchen, dass man ansprechbar ist. Es entstehen Gespräche. Und das sind eigentlich immer gute Gespräche. Die meisten Reaktionen sind eigentlich recht positiv: Toll, dass ihr in der Gesellschaft sichtbar seid.«

Friedrich Kautz macht seinen Exotenstatus an bestimmten privaten Verbindungen fest, die ihm fehlen, die er jedoch in homogeneren Freundeskreisen vermutet: »Ich beneide manchmal Leute, die sagen können: ›Ich bin Anwalt, und alle meine Freunde sind auch Anwälte. Und wir haben alle eine ähnliche Laufbahn, haben alle etwa im gleichen Alter studiert, haben alle Kinder. Wir haben alle ein ähnliches Haus, fahren alle einen ähnlichen Wagen, und wir sind alle so ähnlich in überhaupt allem.‹ – Das kann ich von mir in der Musikszene, speziell der Hip-Hop-Szene, nicht behaupten. Da gibt es jetzt nicht ein Dutzend Kolleg*innen, die so ähnlich sind wie ich.« Auch Jean-Remy von Matt fühlt sich im privaten Umfeld irgendwie exotisch, doch »auch in meinem beruflichen Umfeld fühle ich mich als Exot – aber hauptsächlich aufgrund meines Alters«. Bei Peter Wittkamp ist es nicht das Alter, sondern die schon erwähnte Vielfalt in seiner Karriere, die ihm das Gefühl gibt, nirgendwo so richtig dazuzugehören.

Jörg Eigendorf flötet erst kokett: »Nein, ich passe mich auch an.« Doch ein gewisser Exotenstatus gehört eben auch dazu: »Man wird in einem Unternehmen wie der Deutschen Bank relativ wenig erreichen, wenn man sich absolut anpasst, zumindest in dieser Rolle.« Dazu passt auch Eigendorfs Antwort zur Frage des Ernstgenommenwerdens: »Wie sagte mir John Cryan mal, mein erster Chef? ›You're really different.‹ Ich gehe Sachen eben anders an.«

Christian Rach verneint zwar das Exotengefühl, sagt aber auch: »Als gebürtiger Saarländer in Hamburg ist man sicher ein Exot.« Helmut Thoma dreht diesen Gedanken noch etwas weiter: »Als Wiener in Deutschland im Rahmen einer französischen Staatsfirma für einen Sender tätig sein, das war Anfang der siebziger Jahre schon der erste Schritt in die Globalisierung, das war schon sehr exotisch. Aber man gewöhnt sich an alles, man gewöhnt sich auch als Exot und an Exoten. Wenn's gut läuft, ist alles in Ordnung.«

Die Angst, der Druck, das Durchatmen

Für den Nuklearphysiker Frank-Peter Weiß ist es der Gegenstand seiner Arbeit, der ihn zum Exoten macht: »Sie kennen ja die Entwicklungen rund um die Kernenergie in Deutschland. Unsere Community ist sehr klein geworden, da bin ich also schon ein Exot. Noch dazu gehöre ich zu der Generation, die diese Technologie mit aufgebaut hat. Ich war bei der Inbetriebnahme der ersten KKW-Blöcke in Greifswald dabei. Und

jetzt erlebe ich, wie die Kraftwerke stillgelegt, wie sie zurück-
gebaut werden. So habe ich einen Großteil des Lebenszyklus
der Nukleartechnologie mitgemacht. Das können nicht viele
sagen, das ist, wenn Sie so wollen, schon exotisch und fachlich allemal etwas Besonderes.«

Frank-Peter Weiß wird 1951 in Sachsen-Anhalt geboren.
»Ich bin auf einem Bauernhof groß geworden, und den Bauern
in mir, den bin ich nie richtig losgeworden. Was gut ist. Wir
haben jetzt einen großen Garten, und all die Dinge, die man
auf dem Hof gelernt hat, sind nützlich.« In den fünfziger Jahren wird der Bauernhof zwangskollektiviert. Weiß' Vater
weigert sich, wird inhaftiert, flieht nach der Freilassung aus
der DDR. Der Sohn hat nach einer Maurerlehre eigentlich die
Absicht, Bauingenieurwesen zu studieren, »aber dann habe
ich kurz vorher einen Spleen bekommen und bin in die Phy-
sik gegangen, sicher auch beeindruckt durch die Atomtechnik. Die Atomtechnik oder besser Nukleartechnik war für
uns – ganz anders als in der Wahrnehmung heute – eine sehr
innovative, attraktive Technologie. Wenn man da reinkam,
dann war das eine gewisse Auszeichnung. Da wollte ich hin.«

Trotz einer Beurteilung, die mit dem Satz »Sein Vater ver-
ließ 1958 illegal die Republik« beginnt, kommt Weiß dahin
und schaut nicht mehr zurück. Am Zentralinstitut für Kern-
forschung im sächsischen Rossendorf wird er zunächst wissenschaftlicher Mitarbeiter, promoviert zu Sicherheitsfragen
in Kernkraftwerken, wird Vater zweier Töchter. Er schätzt
seinen Beruf sehr, steckt tief im Thema, doch mit seiner Familiengeschichte und Weiß' Unwillen, politische Zuge-
ständnisse zu machen, ist in der DDR an eine Karriere nicht
zu denken. Als ihm in den frühen neunziger Jahren dann

doch eine hohe Leitungsposition in Rossendorf übertragen wird, ist er selbst überrascht und entsprechend unvorbereitet: »Das ist über mich hereingebrochen. Das waren die irren und teils sehr produktiven und kreativen politischen Wendezeiten in Deutschland. Ich war normaler wissenschaftlicher Mitarbeiter oder gerade erst zum Abteilungsleiter avanciert. Vor mir ist eine Hierarchieebene nach der anderen weggebrochen. Eine Reihe nach der anderen, die vor mir stand, musste wegen politischer Kontamination gehen. Und dann kam an einem Samstagfrüh, ich war noch im Pyjama, der damalige Zentrumsleiter von Rossendorf zu mir und sagt: ›Du musst den ganzen Bereich übernehmen.‹ Ich sagte: ›Ich gehe erst mal Zähne putzen, und dann reden wir weiter.‹«

Mit geputzten Zähnen reden sie weiter, Weiß nimmt an, wird später Direktor des Zentralinstituts. Die Frage, ob er sich diese Position denn grundlegend zutraut, spielt in dieser Zeit keine Rolle: »Zunächst einmal war viel Begeisterung da, in den Wendeprozess, auch in den fachlichen Wendeprozess, involviert zu sein. Ich habe mir diese Frage nicht gestellt. Es wäre auch nichts passiert, wenn ich es nicht geschafft hätte. Dann hätte es eben jemand anderes machen müssen.« 1994 wird Weiß Professor für Anlagensicherheit an der TU Dresden, von 2010 bis 2016 ist er wissenschaftlich-technischer Geschäftsführer der Gesellschaft für Anlagen- und Reaktorsicherheit. Heute ist er »stolzer Rentner, aber ein sehr aktiver«. Er ist nach wie vor Teil von Beratungsgremien für die International Atomic Energy Agency, das französische Commissariat à l'énergie atomique et aux énergies und das Bundesumweltministerium. »Es ist viel zu tun.«

»Wenn einfach mal alles zu viel ist«, fragte mich 2018 die

Brigitte Academy, »wie verschaffen Sie sich einen Moment zum Durchatmen?«[4] Frank-Peter Weiß schaut einen Augenblick ins Leere. Wir sind per Videochat verbunden, die Wand hinter ihm ist 100 % Bücherregal, in einigen Fächern stehen Familienbilder. Über Weiß' linke Schulter lugt eine schwach leuchtende Stehlampe hervor wie ein Engel mit guten Ratschlägen, sein Kopf neigt sich nun dieser Schulter zu. »Das ist mein Schwachpunkt«, sagt er und wiederholt es noch einmal nachdenklich: »Das ist mein Schwachpunkt. Ich habe bei allem, was ich mache, ob das fachliche Tätigkeit ist, ob das Sport ist, Wandern – ich habe keine eingebaute, schützende Bremse. Ich fahre immer so lange, bis irgendein Teil nachgibt, bis einem schwarz vor Augen wird, bis man umfällt, bis die anderen sagen: ›Jetzt biste so platt, jetzt geht es nicht mehr, geh mal nach Hause.‹ Die Pausen sind immer mehr oder weniger Zwangspausen.« Das ist ein Schwachpunkt, den man sich auch leisten können muss. Mir fällt der von ihm geschilderte glückliche Umstand ein, dass seine Frau ihm in Familienfragen viel abgenommen hat.

Wie gehen andere mit Stress und Druck um? »Ausschlafen, nachdenken, abarbeiten«, sagt Holger Friedrich. »Beflügelt mich, ehrlich gesagt«, sagt Fynn Kliemann. Auch Bausa braucht manchmal Druck, um voranzukommen, Rainer Esser findet Druck wunderbar, Jörg Eigendorf meditiert jeden Tag und empfiehlt das auch allen anderen: »Ich merke sehr genau, wenn meine Energie schwindet. Dann lade ich mich wieder auf. Dafür brauche ich zehn Minuten. Wenn ich das nicht tue, verbrauche ich mich komplett. Deshalb sind die zehn Minuten immer gut investiert, ich treffe dann auch bessere Entscheidungen und habe mehr Empathie. Kann ich auch nur jedem Manager raten.« Zum Durchatmen macht Rainer Esser viel Sport. Helmut Thoma lehnt sich zurück, Bausa fährt nach Hause, »nach Bietigheim, wo ich meine Ruhe habe und chille«. Das macht Frater Rafael ähnlich, aber ganz anders: »In unserem Gemeinschaftsleben besteht die Möglichkeit, sich mal einen Wüstentag zu nehmen, also sich einen Tag ganz zurückzuziehen und nachdenken zu können.« Für Ole von Beust ist es der Schlaf, »auch gerne Mittagsschlaf, wenn es geht. Ich habe, dafür bin ich zu meiner Amtszeit auch belächelt worden, wenn ich da unter Druck war, gesehen, dass ich mittags zwei Stunden Ruhe habe. Dann habe ich ein Glas Rotwein getrunken, ein bisschen gelesen und anderthalb Stunden geschlafen. Für mich ist Schlaf die beste Form der Stressbewältigung«.

Ich persönlich habe ja das Zen-Bogenschießen für mich entdeckt. Die totale Konzentration auf den Moment, auf das Ziel und auf das Zielen, auf die Kraft des Bogens und die Koordination von Hand und Blick – das hilft mir sehr dabei, herunterzufahren. Davon erzähle ich auch dem Red-Bull-Business-Magazin Innovator, als es mich nach meinen Strategien zum Umgang mit Druck fragt. Die Anschlussfrage finde ich im Nachhinein sehr ungewöhnlich: »Haben Sie nie Angst? Immerhin tragen Sie viel Verantwortung.«[5]

Ungewöhnlich finde ich sie aus zwei Gründen. Zum einen ist sie in meinen Augen eben eine Frauenfrage, die ich mir bei erfolgreichen Männern nur schwer vorstellen kann und die hinter meinen Aufgaben und Funktionen sehr ansatzlos nach einer ziemlich tiefen und persönlichen Emotion forscht. Zum anderen steckt die Antwort in der Formulierung schon drin, denn die Angst, die man in einer bestimmten Position und angesichts bestimmter Aufgaben und Funktionen spürt, ist doch einfach nur gefühlte Verantwortung. Und der wird man halt gerecht, so gut man kann.

»Ich habe keine Angst, denn ich gebe mein Bestes und das passt«, ist Rainer Esser da im Grunde meiner Meinung. »Angst ist der falsche Begriff. Es geht eher darum, dass Menschen, die sich auf mich verlassen, nicht enttäuscht werden«, spricht auch Holger Friedrich meine Gedanken aus. Axel Bosse wird konkreter: »Mir hat dieses Gefühl oft Panik gemacht, gerade bei Fernsehauftritten, dass man weiß, man kann innerhalb von drei Minuten alles total toll machen oder eben auch total schlecht sein und das ist nie wieder gutzumachen. Schlimm ist das eigentlich, aber Angst habe ich nicht. Doch auch das ist eine Verantwortung, mir und meiner Familie gegenüber: mich nicht zum Horst zu machen.«

Da die Beziehung von Angst und Verantwortung schon in der Frage angelegt ist, überrascht es nicht, dass viele Antworten direkt von der einen zur anderen springen. Auch Fynn Kliemann spricht sofort von seiner Verantwortung für seine Mitarbeiter*innen. Joe Kaeser geht da interessanterweise den umgekehrten Weg: Er sieht die Verantwortung auf viele Schultern verteilt. »Ich habe ja 388 000 Kolleginnen und Kollegen, die mittragen. Da trägt es sich viel leichter. Nein, Angst habe ich keine. Wer Angst hat, soll zu Hause bleiben und den Mitarbeitern das Feld überlassen. Die wissen schon, was zu tun ist.«

»Jeder Mensch hat Angst«, antwortet Bausa gewohnt kurz angebunden. »Aber Angst ist was, wogegen man was tun kann.«

»Angst hatte ich eigentlich nie«, resümiert Ole von Beust.

»Es gibt Dinge, die haben mich belastet, weil die Aufgabe kompliziert war. Aber ich bin strukturell kein ängstlicher Mensch. Vielleicht liegt das auch daran, dass ich als Kind, dafür bin ich meinen Eltern wirklich dankbar, unglaublich viel Nestwärme und Geborgenheit bekommen habe. Ich hatte tolle Eltern, die mich selbstbewusst, auch liberal, aber auch mit einer Riesengeborgenheit erzogen haben. Ich glaube, dieses Vertrauen, das einem als Kind eingeimpft wurde – du brauchst vor nichts Angst zu haben, wir sind immer da –, das trägt einen ein Leben lang.«

»Ich habe in meinem Leben viel Angst gehabt«, sagt dagegen Jörg Eigendorf. »Die Angst wird glücklicherweise immer weniger. Angst kann eine Triebfeder sein, meistens ist sie aber ein Energiedieb. Wir machen uns über viele Dinge Sorgen, bei denen die Sorge nicht hilft. Man lebt gut mit der Devise: ›Was ich ändern kann, das ändere ich. Dann brauche ich mir nicht den Kopf darüber zu zerbrechen. Und wenn ich es nicht ändern kann, dann hilft es auch nicht, sich den Kopf darüber zu zerbrechen.‹ Halte ich das jetzt immer ein? Nein, leider nicht. Es gibt einige Momente, in denen ich das nicht einhalte. Aber es werden immer weniger.«

Dr. Lars Hellmeyer kann der Angst etwas Positiveres abgewinnen: »Klar haben Sie Angst. Natürlich. Wir sind eine der größten Kliniken in Deutschland, was die Geburtshilfe betrifft, und dementsprechend haben wir auch einen höheren Anteil an Komplikationen. Wir haben auch Situationen, in denen es um Leben und Tod geht. Das passiert auch. Natürlich haben Sie dann Angst. Anders wäre es verkehrt.« Und genau das meine ich: Angst, wenn man sie so nennen will, ist nur das Gefühl, Verantwortung zu haben, Verantwortung anzunehmen, ihr gerecht werden zu wollen. Und damit nicht nur nichts Schlechtes, sondern Grundvoraussetzung für erfolgreiches und verantwortungsvolles Handeln. Das ist auch einer der Gründe, weswegen es mir so schwerfällt zu akzeptieren, dass die Frauen, die so selbstverständlich Verantwortung für Kinder und Familien übernehmen, in Karrierefragen tatsächlich über ihre Feigheit, ihre Angst, eine diffuse Verantwortung stolpern sollen.

Haben Sie das Gefühl, dass Sie für Ihre Karriere viel opfern mussten?

Lars Hellmeyer wird 1969 in Cuxhaven geboren. Im Interview spielt er die familiäre Prägung erst ein bisschen herunter und verweist auf seinen Bruder, der »ein ganz anderer Typ« sei, aber die Medizin wird ihm schon in die Wiege gelegt. Seine Eltern betreiben eine Apotheke, sein Großvater und Urgroßvater waren praktische Ärzte in Hamburg, »auch alle Tanten und Onkel sind, ehrlich gesagt, Ärzte«. Hellmeyer studiert in Heidelberg, geht nach der Promotion nach Marburg, wo er erst als Assistenzarzt, schließlich als Oberarzt in der Klinik für Geburtshilfe und Perinatalmedizin arbeitet. Er heiratet. Seine Frau ist verbeamtete Juristin »in einer Führungsposition bei der Polizei. Ich Gynäkologe, sie in einer reinen Männerdomäne.« Der gemeinsame Sohn ist neun, als Hellmeyer eine Oberarztstelle an der Asklepios-Klinik in Hamburg antritt. Seine Frau möchte ihre Stelle nicht aufgeben und bleibt mit dem Kind in Marburg. In der vorübergehenden Trennung kann Hellmeyer auch Positives sehen: »Es tat der Beziehung von meiner Frau und mir gut, dass mal etwas Neues kam, dass man mal eine räumliche Trennung hat.« Wie sehr aber sein Sohn seinen Vater vermisst, fällt ihm erst zwei Jahre später wirklich auf, als Hellmeyer nach Berlin geht, um Chefarzt am Vivantes-Klinikum zu werden, und sein Sohn ihn fast jedes Wochenende besucht.

»In meinem ersten Jahr hier in Berlin haben wir dann gesagt: Wir machen eine Reise zusammen, eine Schiffsreise auf der Aida von New York auf die Bahamas, nur mein Sohn und ich. Und das war ganz toll für uns beide. Und dann waren wir nach der Reise an meinem letzten Abend wieder zu Hause. Und dann brach er in Tränen aus: Ich möchte nicht, dass Papa wegfährt. Da hat er es zum ersten Mal gesagt.« Für einen kurzen Moment vergräbt Lars Hellmeyer das Gesicht in seinen Händen. »Da dachte ich auch: Oh Gott, was machst du eigentlich? Er hatte das sonst nie so gesagt. Und dann zum ersten Mal.« Zwei Jahre später kann Hellmeyers Frau ins Justizministerium nach Berlin wechseln, seitdem ist die Familie wieder vereint.

Für einen Moment ist es still im Raum. Wir sind vielleicht beide ein wenig überrascht davon, wie schnell wir von einem zwar persönlichen, aber doch recht formalen Fragebogen zu einem so intimen Moment gekommen sind. Ich muss selbst kurz einmal durchatmen, eh ich ihn frage, ob er denn das Gefühl hat, dass er für seine Karriere viel opfern musste. Der Schwerpunkt seiner Antwort überrascht mich dann nicht: »Ja, eigentlich schon. Es hat alles seinen Preis. Ich habe das gern gemacht, und ich glaube, das war im Nachhinein richtig. Aber es hat halt seinen Preis. Nichts ist unbeschadet. Das ist für die Beziehung schlecht, fürs Kind schlecht.« Dennoch haben die Familiengeschichte und Hellmeyers Karriere offenbar nicht nur Schäden hinterlassen: Sein Sohn hat gerade sein Medizinstudium begonnen.

»Meine Frau hat vielleicht viel dafür geopfert, aber ich nicht«, antwortet Frank-Peter Weiß nüchtern. »Ich habe das, was ich gemacht habe, immer mit Spaß gemacht. Ich habe die vielen Stunden im Büro oder im Labor, wo auch immer, nie als Opfer gesehen, sondern das hat Freude bereitet. Seit den neunziger Jahren hat aber die Familie wenig von mir gehabt. Das war das Opfer, wenn Sie so wollen.«

»Meine Kinder mussten opfern«, richtet auch Gysi den Blick auf die Familie, »und dadurch auch ich, weil ich zum Teil ein schlechtes Gewissen habe und ein schlechtes Gewissen belastet.«

Auch Waldemar Zeiler spricht von Familie, denkt aber eher darüber nach, welcher Teil welchem Teil geopfert wird: »Rein rational betrachtet ist es schon so, dass du gewisse Lebenszeit für das Kind verwendest und nicht in deine Karriere steckst. Aber wenn man es holistisch betrachtet, dann kann man diese Rechnung nicht aufmachen. Du lernst so viele Sachen mit dem Kind. Du hast ein ganz anderes Verständnis von der Welt, hinterfragst im Zweifel viel mehr. Da ist jetzt jemand, der noch 80 Jahre leben wird. Wie soll die Welt von dieser Person aussehen? Da machst du dir viele Gedanken und denkst nicht mehr so kurzfristig, was wiederum sehr positiv ist. Es ist schwer, das zu beantworten.«

Bei den anderen erfolgreichen Männern fallen die Antworten vielfältig aus. Frater Rafael führt an, dass es von außen so aussehen könnte, »dass ich natürlich auf viele Möglichkeiten im Leben verzichte«. Doch betrachtet er das nicht als Opfer.

»Vielmehr habe ich erfahren, dass ich sehr reich beschenkt worden bin in meiner Kindheit mit dem, was mir mit auf den Weg gegeben worden ist, mit der Bildung, die ich bekommen habe, den Menschen, denen ich begegnen durfte. Und ich habe eigentlich den Eindruck, diese Geschenke auch genießen zu können. Ich habe nicht den Eindruck, dass ich auf etwas, was mir zugestanden hätte, verzichte.«

Auch der Rapper Bausa denkt darüber nach, neben viel Zeit auch ein alternatives Lebensmodell geopfert zu haben, »einen Plan B sozusagen, so etwas wie Ausbildung oder Studium. Das habe ich alles nicht gemacht, um mich auf diese Sachen zu fokussieren, die ich mache.« Wer hätte gedacht, dass ausgerechnet er und Frater Rafael an diesem Punkt sehr ähnlich antworten – auch wenn Bausa sich erneut deutlich kürzer fasst.

Die Frage nach den Lebensmodellen, die man aufgegeben hat, beschäftigt auch Axel Bosse: »Ich glaube, Wolfgang Joop hat mal gesagt ... auf die Frage nach dem inneren Frieden hat er sich kaputtgelacht und gesagt: ›Ich bin Kreativer, ich kenne keinen inneren Frieden. Das gibt's nicht, habe ich in meinem ganzen Leben noch nicht gehabt.‹ Und das ist der einzige Punkt, an dem ich manchmal denke: Ach, wenn ich doch kein Berufsgetriebener geworden wäre. Ich schätze einfach Sachen und Berufe, wo man körperlich arbeiten kann, Gartenbau und so weiter ... Wo man sagt: Es ist jetzt sechs Uhr morgens, ein bisschen früh, okay, aber ich ziehe das jetzt hier bis 16 Uhr durch. Und das macht Spaß. Ich hab frische Luft, ich pflanze die Hecke. Und dann hab ich das aus dem Kopf. Das ist dieser innere Frieden. Und das ist das Einzige, glaube ich, was ich geopfert habe. Ich habe ganz viele Phasen, in denen ich diesen inneren Frieden nicht finden kann.« Ich habe irgendwann aufgegeben, das Wolfgang-Joop-Zitat verifizieren zu wollen. Aber es passt einfach zu gut. Wenn jemand fragt: Bosse hat's gesagt.

»Es kommt immer darauf an, was man als Opfer deklariert«, bleibt Fynn Kliemann erst vage, um es dann konkreter zu ziehen: »Aber es ist schon so, dass ich alles, was ich tue, dafür tue. Es gibt kein anderes Leben. Ich habe auf jeden Fall Freundschaften, Beziehungen, aber auch Familie und so komplett geopfert. Ich mache einfach gar nichts dahingehend. Ich mache nur was mit Menschen, mit denen ich auch arbeite. Und das ist ja schon eine Art Opfer, dass man sagt: Es gibt nur das eine. Das ist zwar facettenreich, aber trotzdem.«

Holger Friedrich spricht es nicht aus, aber die Exponiertheit, die ihm und seiner Frau der Kauf der Berliner Zeitung verschafft hat, findet er offensichtlich sehr anstrengend. Seine Antwort auf die Frage nach Opfern fällt eindeutig aus und dreht sich zunächst um seine Darstellung in den Medien: »Ja, auch das ist zu bejahen. Und ich staune, welche öffentlichen Bilder gezeichnet wurden: Der hat soundso viel Geld, dieses und jenes Auto fahrend, die und die Dinge sammelnd. Doch was übersehen wird, dass man unter höchster Selbstausbeutung mit einem großen Risiko agiert. Insofern zahlte und zahle ich einen hohen persönlichen Preis.«

Heiko Maas wird in Bezug auf seine Exponiertheit etwas deutlicher: »Eine öffentliche Person zu sein ist etwas, was einem viel abverlangt. Ich brauche das nicht unbedingt.«

Ansonsten wurden Zeit und Energie geopfert (Thelen, von Matt, Mönnikes für seine Familie), was aber nichts macht, weil es Spaß gemacht hat (Esser, von Matt, Thoma, Mönnikes für seine Familie). Manch einer sagt auch einfach »Nein« (Wittkamp, Bornschein). Friedrich Kautz sieht keine Opfer, betrachtet sich aber generell auch nicht als besonders erfolgreich: »Ich empfinde es als großes Privileg, dass ich als Künstler arbeiten und damit meine Familie ernähren kann. Die meisten Menschen müssen notgedrungen das Nächstbeste machen, was ihnen die Miete zahlt, und selten erfüllt sie diese Beschäftigung, vielleicht macht sie sogar öfter unglücklich als andersrum.«

Wie es sich für einen langjährigen Finanzmanager gehört, zieht Joe Kaeser Bilanz: »Es waren viele Opfer, und ich habe viel bekommen. Das hält sich ganz gut die Waage, und ich bin mit mir darüber im Reinen.«

Für Jörg Eigendorf ist der Opferbegriff zunächst etwas zu hoch gegriffen: »Führt mein Job dazu, dass ich auf bestimmte Dinge verzichten muss, die ich gerne hätte? Ja. Zeit mit Freunden. Ich würde gern mehr Musik machen. Sport mache ich mittlerweile genug, das schaffe ich. Ich würde mehr Ruhe haben wollen mit meiner Familie, wenn ich mit ihr zusammen bin, das wäre mir eigentlich das Allerwichtigste. Ich hätte etwa gern mehr Zeit für meine Mutter.« Die graduelle Steigerung lässt ihn nun doch mehr als nur Verzicht sehen: »Das ist das größte Opfer.«

Habe ich das Gefühl, dass ich für meine Karriere viel opfern musste?

Wenn ich mich selbst frage, fällt die Antwort kurz aus: Nein. Ich habe ein Unternehmen mit guten Freunden gegründet.

Wir haben uns mit Themen beschäftigt, die wir interessant fanden. Wir haben ein vielfältiges und schlagkräftiges Team aufgebaut. Wir sind und ich bin immer weiter gewachsen.

Am Anfang ist TLGG alles für mich. Es gibt nur uns drei und dieses Unternehmen: Verhandlungen, Ideenentwicklung, Netzwerkaufbau, Prozessentwicklung. Schließlich kommen neue Leute dazu, es geht noch mehr um persönliches Engagement, um Präsenz, um Führung, ums Lernen aus Fehlern und Kündigungsgesprächen. Hobbys außerhalb des Arbeitsalltags gibt es kaum, auch die aktive Freundschaftspflege außerhalb wird unwichtiger: Wir haben ja uns. Selbst wenn auch ich alles, was ich tue, dafür tue und es kein anderes Leben gibt, habe ich nicht das Gefühl, etwas zu opfern. Dieser strenge Fokus auf die eine Sache, den ich persönlich auch allen Gründer*innen empfehlen würde, ist in meinen Augen einfach Hingabe und Leidenschaft.

Es lässt sich natürlich leicht sagen, wenn man am Ende damit erfolgreich ist, aber selbst wenn TLGG in all den Jahren einfach irgendwie verpufft wäre, hätte sich diese Zeit nicht wie verschwendet angefühlt. Ich hätte auch nie geseufzt: »Ach, hätte ich nur mein Studium beendet.« Im Zweifel hätte ich halt einfach wieder weitergemacht. Da teile ich den Gleichmut von Frank-Peter Weiß' »Wenn ich es nicht geschafft hätte, dann hätte es eben jemand anderes machen müssen«: Wenn ich es nicht geschafft hätte, dann hätte ich eben etwas anderes machen müssen.

Mir machen die Gespräche über Karriere, Druck, Durchatmen, Exotenstatus und Opfer eigentlich viel Spaß, weil sie überraschend vielfältig sind und ich mich an vielen Stellen wiederfinde. Gleichzeitig ärgern sie mich immer wieder, weil wir oft gerade erst über die Familie und die Vereinbarkeit gesprochen haben. Ich habe dann im Hinterkopf, dass den Preis für diese Karrieren eben andere bezahlt haben, und bin irritiert darüber, wenn es meinem Gegenüber nicht so geht. Über den Horizont der Gespräche hinaus frage ich mich, warum Karriere und Familie immer noch so häufig als exklusiv zu allozierende Ressourcen verstanden werden – dass Mönnikes und Nikutta dieses traditionelle Modell ebenfalls leben, nur in nicht traditioneller Verteilung, war ja bereits Thema. Geht es denn tatsächlich nicht anders? Ich betrachte mich und meine Familie ja schon als ein Gegenbeispiel, aber zugleich ist mir durchaus bewusst, dass da auch Glück und gutes Timing ihre Rollen spielen. Sind wir also die Ausnahme, die die Regel nur bestätigen kann?

Wenn es uns als Gesellschaft gelingt, Verantwortung und Freiheiten, Pflichten und Möglichkeiten gerechter zu verteilen, habe ich irgendwann sicher auch nicht mehr das Gefühl, dass die Fragen nach Angst und Druck und Durchatmen so weiblich konnotiert sind. Kontext ist wichtig, *context is king*. Wenn immer wieder die Rolle als Frau, immer wieder die Rolle als Mutter thematisiert wird, wenn gefragt wird, wie viel Zeit mir für meine Tochter bleibt, dann ist die Frage nach dem, was ich für die Karriere opfern musste, eine andere als in rein fachlichen, nur karrierebezogenen Zusammenhängen. Auch die Fragen nach Druck, Angst und Durchatmen klingen dann eher nach der klassischen Doppelbelastung »erfolgreiche Frau und Mutter« als nach Lifehack-Interesse ohne Hintergedanken.

Am Ende macht man halt das, was man macht, und hat damit gelegentlich sogar Erfolg. Als ich Rainer Esser frage, was sein Tipp für junge Männer ist, spielt er seine allgemeine Vorbildrolle erst lachend herunter. Ausgerechnet dann aber kommt die Familie wieder ins Spiel: »Also, wenn mein Sohn mich fragt, dann sage ich ihm vor allem, dass er etwas machen soll, privat wie beruflich, was ihm besonders viel Freude macht, wo er sich richtig reinknien kann, denn nur dann wird er auch dort richtig gut. Und wenn er richtig gut ist, dann kommt auch der Erfolg. Wenn er gut im Tischlern ist, dann wird er ein guter Tischler. Und dann wird er auch ein erfolgreicher Tischler. Wenn er in einem Unternehmen arbeitet, das ihm viel Freude macht, weil ihm die Produkte, die da hergestellt werden, und das Klima gut gefallen, dann wird er sich dort auch reinknien und deutlich mehr bringen als der Durchschnitt. Dann wird er dort erfolgreich sein. Und das wird seinem privaten Glück zuträglich sein. Das wäre mein wichtigster Rat: sich mit den Dingen auseinanderzusetzen, zu denen man sich wirklich berufen fühlt.«

Und es ist völlig okay, diejenigen, die sich mit den Dingen auseinandersetzen, zu denen sie sich wirklich berufen fühlen, danach zu fragen, was sie dafür vernachlässigt haben. Man kann und sollte sie auch fragen, wo ihre Prioritäten liegen, ob Angst und Druck im Spiel sind und sogar, wer in all der Zeit auf ihre Kinder aufpasst. Es ist aber deutlich an der Zeit, all diese Fragen entweder allen zu stellen oder halt niemandem.

Ein kleiner Nachtrag

»Hi Fränzi«, schreibt mir am Abend die Frau aus dem Café vor dem Siemens-Büro via Instagram. »Ich hab mich heute so ge-

freut, dich ›in echt‹ zu sehen, dass die Pferde mit mir durchge-
gangen sind … Bitte entschuldige, ich bin sonst ganz normal.«
Ob der unangenehme Telefonmann auch nur eine weitere Mi-
nute über unsere Begegnung nachgedacht hat?

HAT SICH DAS INTERVIEW FÜR SIE
KOMISCH ANGEFÜHLT?

*»Das mache ich ja nicht jeden Tag, dass ich
überlege: Habe ich Vorbilder? Wie erziehe ich meine
Kinder? Wie war das mit der Karriere? Habe ich da
was geopfert?«*

Rainer Esser

Der Termin kommt überraschend schnell zustande, meine
erste Interviewanfrage wird nach nur einer halben Stunde
per Mail beantwortet: »Das mache ich gerne.« Drei Tage später sitze ich einem der Konferenzräume unserer Agentur in
Kreuzberg und wähle die Nummer von Dr. Helmut Thoma.
Es fühlt sich ungewohnt an, die andere Seite des Interviews
zu sein – die mit den Fragen, nicht die mit den Antworten.
Ich bin nervös, fühle mich aller Recherche und stundenlanger
Fragebogenoptimierung zum Trotz unvorbereitet, die Ton-
qualität könnte deutlich besser sein. Ich werde auch nach der
Begrüßung nicht entspannter, konzentriere mich viel zu sehr
auf die Fragen und noch nicht genug auf das Gespräch. Mit-
tendrin bricht die Verbindung plötzlich ab. Was mache ich
hier eigentlich?

»Ja, das war plötzlich weg«, setzt Thoma unaufgeregt neu
an, als ich ihn wieder am Apparat habe, und bringt den jäh

unterbrochenen Gedanken zu Ende. Seine souveräne, be-
stimmende, unerschütterlich wirkende Art trägt uns beide
weiter. Er strahlt eine an dieser Stelle sehr beeindruckende
Selbstverständlichkeit aus, setzt den ergebenen Respekt seines Gegenübers einfach voraus und schifft dadurch routiniert
und allürenfrei durch unser Telefonat – hier sprechen 80 Jahre
»sich grundlegend etwas zutrauen«. Er will sich in seinem Alter nicht mehr so viel auflasten, sagt er, als es um Aufgaben,
Druck und Erwartungen geht. »Wozu? Ich will ja nix mehr
werden.« Durch und durch angekommen klingt er, und so
kommen wir aus einer für mich anfangs zittrigen Situation
tatsächlich in ein Gespräch.

Helmut Thoma wurde 1939 in Wien geboren. Als junger
Mann wollte er nicht mehr Butterfässer treten, besuchte die
Abendschule, studierte Jura und kam aus dem Anwaltsbe-
ruf direkt in die Rechtsabteilung des ORF, die er bis 1973
leitete. Dann wechselte er zu Radio Luxemburg und 1984
an die Spitze des TV-Ablegers RTL. Der Rest ist deutsche
Mediengeschichte. Kaum jemand hat die Fernsehlandschaft
dieses Landes so geprägt wie der Mann, der die Maxime »Der
Köder muss dem Fisch schmecken, nicht dem Angler« konsequent zum Medienprodukt gemacht hat. Formaterfolge,
Auszeichnungen, Preise, Verdienstorden belegen seine Bedeutung ebenso wie verschiedene Aufsichtsratspositionen.
Thoma war drei Mal verheiratet, hat einen Sohn aus erster
Ehe, lebt in Hürth-Berrenrath und begegnet mir in seiner
Rolle als freenet-Aufsichtsratsvorsitzender recht regelmäßig. Meine Fragen beantwortet er ohne Zögern, weder besonders vertrauensvoll noch besonders reserviert. Aus jedem
seiner Sätze, jedem breitgezogenen Vokal, jedem gerollten R

klingt die gelöste Ruhe des stets erfolgreichen Achtzigjäh-rigen.

Bei all der Unaufgeregtheit fällt mir doch erst kurz vor Schluss ein, dass meinem Fragebogen eine wichtige Frage fehlt. Es ist eine Frage, die man mir selbst nie gestellt hat, ob-wohl sie manchmal schon gepasst hätte. Ich notiere sie, stelle sie ihm: »Herr Thoma, hat sich dieses Interview für Sie ko-misch angefühlt?«

»Eigentlich nicht«, antwortet er. »Was fühlt sich da schon komisch an?« Das passt zu meinem Eindruck von ihm, aber ich bohre doch ein wenig nach: »Na, Sie bekommen ja nicht jeden Tag Fragen zu Ihrem Aussehen gestellt.« Ich sehe ihn nicht, aber seine Stimme winkt ab: »Die Fragen sind nie das Problem. Das Problem sind immer die Antworten.«

Zu diesem Zeitpunkt sehe ich das natürlich völlig anders, aber nach vielen Gesprächen bin ich heute doch geneigt, ihm in Teilen zuzustimmen. Es sind nicht die Fragen an sich, die problematisch sind, es ist ihre ungleiche Verteilung. Es sind die Rollenbilder, für die diese Verteilung steht, und es ist die für mich so frustrierende weitverbreitete Bereitschaft, diese Rollenbilder immer wieder zu reproduzieren. Aber natürlich, auch die Antworten können ein Problem sein, wenn sie aus dem Mund erfolgreicher Männer diese Klischees und Tradi-tionen ebenfalls bestätigen, ohne sie zu hinterfragen oder Zusammenhänge zu erkennen.

Ich bin froh, dass mir die Frage nach dem Interviewgefühl noch zur rechten Zeit in den Sinn kommt, denn sie ist ein gu-ter Gradmesser für verschiedene Aspekte meines Buchpro-jekts: Wie sehr sind diese Fragen denn tatsächlich Frauenfra-gen? Werden sie Männern wirklich so selten gestellt? Finden

Männer das insgesamt problematisch? Stoßen sie sich an einzelnen Fragen? An einzelnen Themen?

Zumindest zu Themen und Fragen lässt sich abschließend sagen: Nö. Es gab zu den einzelnen Fragen kaum negative Reaktionen. So findet etwa Holger Friedrich auch nicht, dass sich das Interview komisch angefühlt habe, »aber diese Fragen hat mir so noch keiner gestellt. Ich denke, es sind relevante Fragen, über die in einer offenen Art und Weise diskutiert werden sollte.« Tatsächlich wird gerade bei ihm, der sich in den Monaten vor unserem Interview in einem eher geschlossenen Diskussionsraum bewegt, der Wunsch nach konstruktiver Auseinandersetzung spürbar – auch zu Familienthemen, auch zu Karrierefragen, auch zum Ungleichgewicht der Geschlechter. Fast wirkt er, wenn er seine Karriere und die Rolle der Familie darin skizziert, wenn er die Kontroverse resümiert und die ersten Corona-Wochen einordnet, enttäuscht, dass ich nicht weiter nachhake oder widerspreche. Aber das wäre eine Aufgabe für richtige Journalist*innen. Das ist nicht das Konzept meines Buches.

Ich will hier, Interview für Interview, einfach den ersten Schritt machen, die Fragesituation umdrehen und schauen, was passiert. Anfangs gehe ich noch davon aus, dass die Fragen, die ich als so persönlich, distanzlos und unangenehm empfinde, auch bei meinen Gesprächspartnern für Irritation sorgen. Außerdem möchte ich natürlich prüfen, wie sehr die Fragekonstellation und der Hintergrund meines Buches meine Interviewpartner zum Nachdenken bringen, ob sie meine Fragen und ihre eigenen Antworten stärker reflektieren. In beiden Punkten werden meine Erwartungen eher selten erfüllt.

Die Fragen sind nicht das Problem …

Es gibt kaum echte Irritation angesichts meiner Fragen. Im Nachhinein ist die Frage nach dem Aussehen oder nach den Opfern dann denkwürdig oder seltsam, aber der Grundeindruck bleibt der eines relativ normalen, vielleicht etwas persönlicheren Interviews. Manchmal vielleicht zu persönlich: Als ich Christian Rach zum ersten Mal nach Familie und Kindern frage, bremst er mich direkt aus: »Ein Prinzip, das man und frau sehr schnell lernt, wenn man in den Medien zu tun hat und eine große Öffentlichkeit ihren Fokus auf einen richtet, ist, diese Frage nie zu beantworten. Vor hundert Jahren hat Thomas Gottschalk zu mir gesagt: ›Die Leute, die Sonnenbrille tragen, wenn sie draußen rumlaufen, und im Fernsehen arbeiten, die haben es nicht kapiert. Wir leben von den Menschen, die uns zuschauen. Du musst den Menschen das geben, was sie brauchen. Das ist der Job. Aber du musst dich genau dort abgrenzen, wo es privat wird, wo es wichtig ist.‹ Und diese Aussage ist mir unglaublich haften geblieben. Wenn man jede Woche mehrere Millionen TV-Zuschauer hat, da hat man einen Verlust der Privatsphäre, der mit sich bringt, dass Sie das, was wirklich privat ist, schützen. Es gibt keine Bilder, es gibt keine Informationen, und vieles, was Sie lesen, sind Spekulationen. Das meiste ist falsch.« Dieser Zustand ist ihm offenbar sehr recht. Allerdings bekomme ich in seinen ausschweifenden Überlegungen zu seinem Werdegang, seiner Biographie, seinen Motiven den Eindruck, dass ihm durchaus wichtig ist zu zeigen: Da gäbe es schon einiges zu erzählen. Aber ich bohre nicht weiter.

Wo Christian Rach Fragen zur Familie vieldeutig nicht beantwortet, klammert Frank Thelen diesen Themenkomplex von vornherein aus. Als ihm dann noch offenbar wird, dass ich kein reines Interviewbuch schreibe, sondern die Aussagen meiner Gesprächspartner sammle, sie einander gegenüberstelle, in einen wohlgewählten Kontext setze und gelegentlich kommentiere, besteht er auf einem schriftlichen Interview. Ich finde das schade, aber durchaus konsequent.

Der 1975 geborene Frank Thelen folgt dem von Rach gelebten Gottschalk'schen Grundsatz; wenn er dem öffentlichen Interesse an seiner Person und seinen Lebensumständen Futter gibt, dann sehr kontrolliert und zu seinen Bedingungen. In seiner 2018 erschienenen Autobiographie skizziert er eine Mittelschichtkindheit in Bad Godesberg, geprägt von mäßigen Schulleistungen und großer Skateboard-Leidenschaft. Thelen bringt sich in seinen Jugendjahren selbst das Programmieren bei, macht sein Fachabitur, beginnt ein Informatikstudium, bricht es ab, will lieber gründen. Gemeinsam mit einem Partner stürzt er sich in den Neuen Markt der Jahrtausendwende – und geht in ihm unter. Die Pleite seines ersten Unternehmens lastet schwer auf Thelen, doch er rappelt sich auf, gründet erneut, hat Erfolg.

2008 verkauft er sein zweites Unternehmen, nutzt einen Teil des Erlöses zukünftig als Wagniskapital, wird Investor. Das Motiv des Scheiterns und des Neubeginns wird dabei zu einem Markenzeichen Thelens: »Aufstehen lohnt sich.« Seit 2014 ist er einer der Juroren und Investoren in der Gründer*innensendung »Die Höhle der Löwen« und spätestens damit auch eine Figur in der Öffentlichkeit. Thelen ist, was auch Gala und Bunte interessiert, seit Jahren mit seiner Frau

Nathalie verheiratet. Er schreibt mir zum Thema Mentor*innen: »Bei ihr hole ich mir ständig Rat und ich schätze ihre ehrliche und aufrichtige Einschätzung sehr.«

Schriftliche Interviews haben Vorteile. Zum Beispiel sind die Antworten fertig ausformuliert. Kein langes Überlegen, kein lautes Denken, keine vierfach ineinander verstrickten Sätze, alles darf als finale Antwort betrachtet werden. Copy. Paste. Vielen Dank. Der große Nachteil ist natürlich, dass keinerlei Dynamik darinsteckt: kein Kennenlernen, kein Auftauen, kein Kontakt, kein Gefühl. Ich schreibe Frank Thelen trotzdem die Frage auf, wie sich das Interview für ihn angefühlt hat. »Besonders die letzten Fragen zum Aussehen kamen mir komisch vor, ja. Wenn Frauen so was wirklich in Interviews gefragt werden, finde ich das sehr bedenklich.« Boy, do I have news for you, Frank Thelen.

… aber die Fragen machen den Unterschied

»Das ist eine ganz merkwürdige Situation hier«, murmelt Fynn Kliemann in einem Moment des Interviews eher zu sich selbst als in seine Handykamera. Er hat, wie erwähnt, die Hintergründe und das Buchkonzept irgendwann zwischendurch einfach vergessen und wirkt wahnsinnig erleichtert, als ich ihn noch einmal aufkläre. Es ist am Ende unserer 42 Minuten miteinander sehr offensichtlich, dass sich das Interview für ihn zumindest teilweise komisch angefühlt hat. Ich frage ihn trotzdem: Hat es das? Er grinst: »Oh ja, hat es. Da ist natürlich ein extremer Frau-Mann-Fokus und ein extremes Infragestellen deiner eigenen Leistung bzw. deiner eigenen Strapazierfähigkeit. Immer so ein ›Schaffst du das denn? Kannst du das denn? Hast du nicht doch vielleicht Angst, oder passt dir das nicht, oder ist das schwierig für dich?‹ und weniger ein ›Krass, was du alles machst, voll geil!‹. Eher ein ›Hä?-Das-kann-doch-eigentlich-gar-nicht-gehen‹-Ding.« Dieses Grundgefühl hatte ihn im ersten Teil unseres Gesprächs sichtlich angestrengt. »Der Fokus darauf, dass das deine Fragen waren, hat es natürlich in ein ganz anderes Licht gerückt. Ich krieg ja ähnliche Fragen gestellt, aber die sind weniger kritisierend und mehr bewundernd. Ich glaube, das ist der große Unterschied.«

Das ist noch einmal eine neue und interessante Unterscheidung, die aber zu meinen Eindrücken passt, wenn es um Fragen der Vorbereitung, des Drucks und des Ernstgenommenwerdens geht. In meinen Notizen habe ich dazu irgendwann während der Vorbereitung einen Gedanken aufgeschrieben, der sich hier plötzlich bestätigt sieht: »Von Männern lässt man sich die Welt erklären, Frauen dagegen müssen beweisen, dass sie die Welt verstanden haben.«

Kliemanns Antwort bestätigt mich aber auch darin, mit der Frage nach dem Interviewgefühl einen recht wichtigen Einfall gehabt zu haben. Da ich natürlich möchte, dass meine Interviewpartner meine Fragen offen, ehrlich und spontan beantworten, weise ich nach der ersten Einleitung eigentlich nicht mehr darauf hin, woher die Fragen kommen und worauf ich mit dieser speziellen Themenkombination zwischen Karriere, Familie, Vorbildfunktion und Kleiderwahl hinauswill. Umso wichtiger wird deshalb die abschließende Klammer am Ende, ein gemeinsamer Moment der Reflexion.

Axel Bosse ist sich des Hintergrundes die ganze Zeit über

sehr bewusst. »Man merkt schon, wie krass das für dich sein muss«, sagt er bereits, als es um seine Vorbildfunktion für andere Männer geht. Abschließend fasst er es noch einmal zusammen: »Es hat sich komisch angefühlt, weil ich natürlich wusste, was du für ein Buch schreibst. Als du das dritte Mal eine Frage mit Männern gestellt hast, war mir natürlich klar, dass das die dir gestellten Frauenfragen sind. Das hatte ich noch nie so. Du kriegst andere Fragen gestellt als ich, weil du eine Frau bist. Und das ist schon ganz schön krass.«

Auch Ole von Beust ist aufmerksam geblieben: »Es gab so ein paar Fragen, Sie haben am Anfang darauf hingewiesen, die man als Mann seltener gefragt wird. Hat Ihre Optik Einfluss gehabt? Was haben Sie an? Solche Dinge. Das sind vermutlich Fragen, denen sich eher Frauen ausgesetzt fühlen.« Er würde allerdings die geschlechtsspezifischen Fragen nur mit etwa 30 % beziffern, den Rest hält er für relativ normal. Dem würde ich entgegnen, dass diese 30 % einen wesentlichen Kontext für den Rest der Fragen und damit auch für meine Antworten schaffen. Die Qualität macht den Unterschied, nicht die Quantität.

Das sieht auch Waldemar Zeiler so, obwohl er Ole von Beusts Geschlechtsspezifische-Fragen-Schätzung zunächst sogar noch unterbietet: »Also, so drei Viertel der Fragen waren okay. Standardfragen, schon ein bisschen anders, und ich mag ja anders, und die waren auch interessant. Aber bei einigen Fragen dachte ich sofort: Krass. Da habe ich gar nicht verstanden, wie ich darauf antworten soll oder warum diese Frage kommt. Da war mir relativ klar, dass das eher typische Frauenfragen sind. Bei manchen war das sofort klar. Komisch auf jeden Fall.« Überraschend schnell macht er dann den Sprung von unangenehm-komisch zu haha-komisch: »Es wäre lustig, wenn tatsächlich solche Fragen kommen würden. Ich würde mir wahrscheinlich tolle Späße erlauben in den Interviews.« Es wäre tatsächlich interessant, wie lange er das durchhalten würde. Ich würde allerdings keinen Aufsichtsratssitz auf ihn wetten – und das nicht nur, weil's verboten ist.

»Komisch nicht, aber anders schon« sei das Interview gewesen, befindet Heiko Maas. Auch er hat die Einleitung länger im Hinterkopf behalten: »Natürlich, weil Sie es mir ja auch zu Beginn gesagt haben, hat es bei mir nach jeder Frage so kurz geblitzt: Wann sind Sie das gefragt worden, in welchem Moment Ihrer beruflichen Stationen? Und dann versucht man, das für sich selbst noch einmal abzuspielen. Es war nicht komisch. Nicht sonderbar. Aber anders.«

Doch es ist noch ein anderer Gedanke, der Maas bewegt: »Es gibt im Moment tatsächlich Situationen wie diese hier, bei denen etwas nachdenklichere Gespräche geführt werden, die mehr Selbstreflexion beinhalten.« In der Tat haben die Corona-Krise, der partielle Lockdown und die Zeit der sozialen Distanz nicht nur den Platz in unseren Kalendern geschaffen, den dieser Termin braucht. Sie lassen außerdem die Kontakte, die man hat, intensiver und direkter wirken. Die Verbindung wird schneller hergestellt, man findet im direkten Miteinander – auch wenn manche öffentliche Diskussion ganz anders wirkt – schneller zu einer gewissen Offenheit. Es trifft sich also gut, dass man mir in den letzten Jahren genau die richtigen Fragen dafür gestellt hat und wir nicht nur über Berufliches reden müssen. Glück im Unglück, Angenehm im Unangenehm.

Das Vertrauen und der Spaß

Die Kombination aus äußeren Umständen und gesammelten Frauenfragen versetzt nicht nur Heiko Maas in einen Modus der Selbstreflexion, des Nachdenkens und des Vertrauens. Mir mögen all diese Fragen oft zu privat und zu persönlich sein, zu schnell eine Nähe herstellen, wo ich über Inhalte sprechen möchte. Für viele der Interviewten sind sie eine Gelegenheit zum Nachdenken, zum Rückblick, zur Einordnung. Für manche sind sie schlicht eine willkommene Abwechslung.

Zwar fühlt sich etwa für Peter Wittkamp eher das Setting des Interviews – »dass man hier am Paul-Lincke-Ufer sitzt, ein halbprofessionelles Setting aufbaut und andere Leute denken: ›Ja, was machen die denn da?‹« – komisch an als das Interview selbst. Doch auch er befindet: »Die Fragen waren schon tiefer. Es war ja nicht projektbezogen, wie wenn es um mein Buch geht oder so. ›Und was haben Sie da gemacht? Und was haben Sie da gemacht? Warum haben Sie das so geschrieben?‹ Das war schon ein bisschen philosophischer.«

Dr. Hellmeyer, der sich mir wirklich sehr offen anvertraut hat, wirkt selbst ein wenig überrascht. Es habe sich schon komisch angefühlt, sagt er, »weil es doch sehr persönlich ist, insgesamt, und wir uns nicht kennen. Es waren ein bisschen andere Fragen. Aber trotzdem war es angenehm.«

»Komisch ist der falsche Begriff«, findet Gregor Gysi. »Vertrauensvoll« sei das Interview vielmehr gewesen. »Und zwar erstens, weil Sie fragen und wirklich auf Antworten warten. Sie stehen nicht unter Zeitdruck. Zweitens interessieren Sie sich auch für die Antworten. Und drittens zwingen Sie mich auch noch zum Nachdenken. Das kommt zu selten vor.« Er verzieht betont gequält das Gesicht. Anstrengend finde er das: »Glauben Sie mir, nachdenken ist anstrengend.«

»Oh ja«, antworte ich. »Das kenne ich.«

Wenn ich derart angestrengt über die Gespräche nachdenke, dann ehren mich das Vertrauen und die Offenheit meiner Gesprächspartner sehr. Ich kann natürlich nicht ganz ausschließen, dass es auch die Besonderheiten und Strapazen dieser ersten Corona-Zeit sind, die die Wände zur Innenwelt und zum persönlichen Empfinden dünner gemacht haben. Und auch wenn es eitel klingt, kann ich ebenso wenig ausschließen, dass es an mir liegt. Vor allem bei den späteren Interviews, als die vielen Schichten aus Techniksorgen und allgemeiner Nervosität restlos weggehobelt sind, fühle ich mich recht souverän und finde es einfacher, die Fragen nicht nur vorzulesen, sondern ein freundliches, vertrauensvolles Gespräch zu führen. Allerdings haben wir natürlich nie die Gegenprobe gemacht: Wäre es anders gewesen, wenn ein Mann all diese Frauenfragen gestellt hätte?

So weit aber die Bedenken, hier die forsche Behauptung: Es wird sehr deutlich, dass es vor allem die Fragen sind, die den Unterschied machen. »Mir hat es Spaß gemacht«, schreibt mir Jean-Remy von Matt, »weil es nicht nur dieser übliche Quatsch war, den ich schon so oft beantworten musste.«

Jean-Remy von Matt ist der zweite erfolgreiche Mann, der meine Fragen schriftlich beantworten will. Wo ich bei Frank Thelen aber eine gewisse Vorsicht erkenne, habe ich bei von Matt den Eindruck, dass Schrift einfach sein Medium ist. Seit 1975 ist der 1952 geborene und in der Schweiz aufgewachsene und ausgebildete Werbetexter ein wichtiger Teil der deutschen Werbeszene. Er arbeitet sich durch die führenden Agenturen ihrer Zeit, wird schließlich Gesellschafter und Kreativ-Geschäftsführer der Hamburger Agentur Springer & Jacoby. Mit Holger Jung, dem Beratungs-Geschäftsführer bei Springer & Jacoby, gründet er 1991 die Agentur Jung von Matt. Sie beginnen, Werbegeschichte zu schreiben.

Unter der kreativen Führung von Jean-Remy von Matt bringt die Agentur einen ausgeprägten Sinn für Originalität, ein sehr genaues Gefühl für Befindlichkeiten und den unbedingten Willen zusammen, Aufmerksamkeit zu erregen und Eindruck zu hinterlassen. Damit wird die Agentur nicht nur zu einem internationalen und vielfach ausgezeichneten Erfolg, sie schafft geflügelte Worte und prägt damit Sprache und Gesellschaft, von »Wer hat's erfunden?« und »Du bist Deutschland« bis zu »BILD dir deine Meinung« und »Geiz ist geil«. Von Matt ist in vierter Ehe verheiratet und hat zwei erwachsene Söhne.

Schriftliche Interviews haben Vorteile. Zum Beispiel fällt die langwierige Terminabstimmung weg und Jean-Remy von Matt beantwortet meine Fragen einfach im Zug von Hamburg nach Berlin. Außerdem ist eine Texterlegende hier natürlich in ihrem Element. Der große Nachteil ist, dass ich zwar lachen muss, wenn er sich als »Dafür-dass-Beauty« beschreibt – »Dafür, dass er bald 70 wird, hat er sich gut gehalten« –, ich ihm aber lieber live und spontan Fragen zu seinem Aussehen gestellt hätte. Aber gut, es hat ihm Spaß gemacht. Das soll mir reichen. Auch Jörg Eigendorf fasst im Videointerview sein Gefühl kurz und knapp zusammen: »Hat Spaß gemacht!«

Hat sich das Interview denn für Friedrich Kautz komisch angefühlt? »Nö, wieso? Viele von den Fragen habe ich schon gestellt bekommen. Die einzige Frage, die ich wirklich noch nie gestellt gekriegt habe, ist, ob ich glauben würde, dass ich den gleichen Erfolg hätte, wenn ich das, was ich machen würde, als Frau machen würde. Das kann ich immer noch nicht richtig beantworten, weil es sehr viel impliziert, sich da reinzudenken. Mein Lebenslauf ab der frühen Kindheit wäre ein anderer gewesen. Das ist eine sehr, sehr komplexe Frage, die viele neue Unterfragen aufwirft: Was wäre in der Grundschule anders gewesen? Was wäre in deiner Jugend anders gelaufen? Wie hättest du dich entschieden, wenn du unerwartet schwanger geworden wärst? Und noch etwa 10 000 Fragen mehr …« Das ist alles sehr richtig. Allerdings sind wir nun am Ende unserer Interviewzeit angekommen, und seine Frau kommt sicher bald vom Einkauf der Erstausstattung zurück.

Für einen kurzen Moment nehme ich ihm seine »Wieso-war-doch-normal«-Attitüde in Bezug auf unser Gespräch nicht ab, doch dann fällt mir das Ultraschallvideo ein, mit dem Kautz als Prinz Pi die Schwangerschaft seiner Frau auf Instagram verkündet. Gala, Promiflash, Brigitte, Bravo, Bunte, Bild der Frau – im Mai 2020 nehmen sie alle die Nachricht gern auf. Kautz hat in diesem Game einfach Routine.

Ansonsten sind es interessanterweise die mit eher wenig Routine im Game, die das Interview als ganz normal empfinden. »Ich habe es eigentlich als ganz normal empfunden«, sagt Frater Rafael. »Das war okay, das war gut«, sagt Jürgen Bornschein. Und Frank-Peter Weiß ist ein bisschen erleichtert: »Das hat sich nicht komisch angefühlt. Meine Befürchtungen waren, dass es stärker noch in Richtung Kindererziehung und Kinderbetreuung geht. Da hätte ich noch schlechter ausgesehen als so, weil mein Anteil da sicherlich nicht ausreichend war. Insofern war das für mich in Ordnung.«

Umso mehr danke ich ihm dafür, gerade in Bezug auf die Familie und die Karriere, auf die Versäumnisse und Fehlentscheidungen und auf das, was kleben bleibt, so offen gewesen zu sein. Mir wird auch etwas klarer, warum ihn mein Satz »Wir sind schon fast am Ende« so viel lockerer hat werden lassen. Wir plaudern noch ein wenig, ehe ihn der nächste Termin fordert: Das Telefon klingelt. Das Geräusch passt zu diesem sehr aktiven Rentner, der mir nun mehrfach gesagt und zu verstehen gegeben hat, dass er zwar gern dazulernt und sich weiterentwickelt, sich aber durchaus als altmodisch versteht. Es klingt, als würden die Achtziger anrufen: ein richtig lautes, durchdringend mechanisches Schellen. Man sieht den Hörer förmlich auf der Gabel tanzen.

Wie hat sich das Interview für mich angefühlt?

Bausas wirklicher Name ist Julian Otto, aber ich bin mir nicht ganz sicher, wie sehr ich zu Julian Otto durchdringe. 1989 wird Julian Otto in Saarbrücken geboren, wächst aber im schwäbischen Bietigheim-Bissingen auf, wo er noch heute sein Zuhause hat. Als junger Teenager entdeckt er sein Herz für Rap und R&B, bringt sich das Keyboardspielen bei, schreibt Battlerap-Texte, entwickelt nach und nach aber seinen eigenen Stil: weg vom Rap, hin zur Melodie. Er widmet sich ganz der Musik. Er produziert und schreibt, findet prominente Fans und prominente Feature-Spots bei anderen Rappern. Sein Debütalbum erreicht die Top Ten der deutschen

Charts, die Single »Was du Liebe nennst« hält sich neun Wochen lang an der Spitze. Das Stück ist ein kleines Meisterwerk, das Hip-Hop, R&B und Schlager perfekt kombiniert. Bausas raue Stimme reibt sich am glatten Autotune-Sound, der Text schwankt zwischen raffiniertem Liebeslied, platten Sex-Metaphern und popkulturellen Referenzen. Es ist wirklich für jeden etwas dabei, ich finde es wahnsinnig anstrengend. Dass er in seinem Team zwar überwiegend mit Frauen arbeitet, aber in seinen Texten oft genug und herzlich unreflektiert die im aktuellen Deutschrap üblichen misogynen Klischees reproduziert, bringt ihn mir als Person nicht unbedingt näher. Aber darum soll es nicht gehen. Er ist ein erfolgreicher Mann, ich habe Fragen.

Ich treffe ihn in der theoretisch entspanntestmöglichen Interviewsituation für dieses Buch, in der Abendsonne über den Dächern Kreuzbergs. Praktisch aber stellt sich keine wirkliche Entspannung ein. Julian Otto wirkt zurückhaltend und zugleich um maximale Coolness bemüht, was ihn in erster Linie wortkarg macht. Unser kurzes Gespräch zum Interviewgefühl fasst das hervorragend zusammen.

Ich: »Hat sich das Interview für dich komisch angefühlt?«
Er: »Nee.«
Ich: »Also sind das schon so Standardfragen?«
Er: »Na ja, nicht Standardfragen, aber keine schlimmen Fragen.«
Ich: »Für mich fühlen sich die Interviews immer komisch an. Leute nach ihrer Familie zu fragen oder zu fragen, ob du nie Angst hast oder dich als Exot fühlst, das ist für mich, das überschreitet schon ein bisschen so eine Grenze.«

Er: »Findest du?«

Ich: »Ja, finde ich schon. Wir kennen uns ja überhaupt nicht.«

Er: »Ach so.«

Es ist eine eindrucksvolle Erinnerung daran, dass ein Interview eben fast immer auch eine künstliche Situation, ein künstliches Gespräch ist. Es fühlt sich immer etwas seltsam an, hat einen konkreten Anlass, verfolgt mindestens ein Ziel, hat ein ungefähres Drehbuch. Und auch als derjenigen, die jetzt die Fragen stellt, fällt es mir nicht immer leicht, die Balance zwischen dem kontrollierten Austausch und der entspannten Konversation zu finden. Zumal auch immer irgendetwas irgendwie danebengehen kann – die Chemie stimmt nicht, das Café ist laut und ungemütlich, jemand hat einen schlechten Tag, ein laut dahingesprochener Gedanke bekommt plötzlich viel zu viel Bedeutung. Hier stimmt vor allem die Chemie nicht, ich komme nicht durch – oder er hat halt wirklich nicht viel zu erzählen. Nach 19 Minuten sind wir mit dem Fragebogen fertig, das kürzeste Interview meiner Serie.

Vielleicht wäre das Gespräch sogar besser gelaufen, als ich selbst noch unsicherer war und gar nicht gemerkt hätte, wie zäh es ist. Meine Unsicherheit ist bei den ersten Interviews noch sehr vielschichtig. Die Rolle ist ungewohnt, meine Annahmen und Thesen sind nicht belegt, die Technik ist mir nicht vertraut, und ich habe angesichts meiner Interviewpartner gewaltige Prüfungsangst. Wenn einzelne Fragen nicht funktionieren, weiß ich nicht, ob es an den Fragen, an mir oder meinem Gegenüber liegt. Es gehört jedes Mal wieder Überwindung dazu, die Fragen zu stellen. Kurz: Es sind genau die Ängste, die, wenn man der allgemeinen Einigkeit glaubt, Frauen solche Projekte normalerweise abbrechen lassen – »ich bin noch nicht so weit, mir fehlen noch fachliche Fähigkeiten«.

Doch hier wird nichts abgebrochen, und nach einer Weile läuft es einfach. Nur die Frage, die immer wieder Überwindung kostet, lasse ich irgendwann raus. Es ist die eine Frage, die den Weg ins Persönliche, den die anderen ja auch nehmen, mit Wucht zu weit geht. Es ist die Frage, die jede Rücksicht fallen lässt: »Sind Sie selber mal sexuell belästigt worden oder traut man sich das bei einer Chefin nicht?« Und als wäre die Frage noch nicht unangenehm genug, versucht sie sich direkt danach in kühler Analyse: »Ist es auch ein Machtproblem?« Der Artikel, zu dem sie gehört, ist mittlerweile offenbar bearbeitet, depubliziert oder hinter eine Paywall geschoben worden. Das kann gern so bleiben. Sechs Männern stelle ich selbst diese Frage, sechs Antworten bekomme ich, keine geht irgendwen etwas an. Belassen wir es dabei.

Doch selbst in diesen sechs Momenten habe ich vertrauensvolle Gespräche mit offenen und aufrichtigen Männern geführt. Ich hatte mir anfangs vieles lustiger und absurder vorgestellt, habe beim Verfassen des Fragebogens viel gelacht und »Das wird ein Knüller« gedacht. Aber das wurde es nicht. Es wurde viel besser. Dass sich diese Männer so weit öffnen würden, hätte ich nicht erwartet. Dass unsere Gespräche so tiefsinnig und besonders werden könnten, wäre mir im Traum nicht eingefallen. Für mich sind all diese Fragen einfach ein gewohnt unguter Standard, den ich eben beantworte oder nicht, der aber nichts mit irgendeiner Tiefe zu tun hat.

Mit Männern reden

Umso interessanter ist es, in diesen gelegentlich tiefgehenden Gesprächen den Stil der einzelnen Gesprächspartner zu erkennen, ihre Strategien, Methoden und Gewohnheiten. Christian Rachs Verfertigung der Gedanken habe ich schon erwähnt, auch Holger Friedrichs Ein- und Auszoomen zwischen persönlicher und gesellschaftlicher Ebene und Helmut Thomas arriviertes Selbstbewusstsein.

Rainer Esser spricht sehr langsam, sehr gewählt, stets um ein geschlossenes und möglichst widerspruchsarmes Bild bemüht. Friedrich Kautz dagegen reagiert meist schnell, geht von der spontan-persönlichen Perspektive ansatzlos in die Analyse über. Jörg Eigendorf kennt mein Buchkonzept, hat sich gut vorbereitet und versucht, seine gesamte Perspektive auf das Thema schon verdichtet in die ersten Antworten fließen zu lassen. Dr. Lars Hellmeyer ist in den ersten zwei Minuten unseres Gesprächs ganz Arzt in der Anamnese, der mich mit regelmäßigem »Ja«, »Genau« und »Interessant« zu weiteren Konzepterklärungen ermutigt.

Peter Wittkamp macht gern einen spontanen Scherz, lacht leise mit sich selbst, zieht dann aber die Augenbrauen zusammen und beginnt den erläuternden Part. Ole von Beust schließlich, man muss es so sagen, ist auch hier der typische Hanseat: angemessen höflich, freundlich, effizient. Er sagt kein Wort zu viel und kein Wort zu wenig. Mit ihm führe ich das zweitkürzeste Interview und schreibe trotzdem sehr viel auf.

Der auffälligsten und interessantesten Strategie konnte ich

in diesem Buch kaum Platz einräumen. Das hat zwei Gründe. Zum einen sind Gregor Gysis Anekdoten oft lang und weitschweifend, zum anderen sind sie Teil eines ausgesuchten und nicht exklusiven Anekdotenrepertoires. Ich will nur ein Beispiel nennen. Nach seinem Umgang mit Druck gefragt, steigt Gysi direkt in eine Geschichte aus dem Jahr 1990 ein, als ihn Prinz Claus der Niederlande in die Botschaft bestellt. Die Kurzversion: Gysis Kalender ist sehr voll, doch für Prinz Claus nimmt er sich die Zeit, lässt den Druck von sich abfallen. Prinz Claus äußert den Wunsch, dass Gysi sich doch bitte darum sorgen solle, dass an die schönen mecklenburgischen Seen keine McDonald's-Filialen gebaut würden. Gysi spricht mit dem letzten Regierungschef der DDR, Hans Modrow, und später mit einem Ministerpräsidenten in Mecklenburg-Vorpommern – und bis heute gibt es, weil Gysi mit Druck umgehen konnte, keinen McDonald's an den schönen mecklenburgischen Seen. Außer in Waren. Und in Schwerin.

Es ist beeindruckend, wie gut dieser rhetorische Kniff funktioniert. Zum einen wirkt es sehr vertrauensvoll, zum Zweiten in der jeweiligen anekdotischen Dramaturgie auch unterhaltsam. Vor allem aber hat man das Gefühl, hier eine durch eigene Erlebnisse unterfütterte Antwort zu bekommen statt aus der Luft gegriffener Behauptungen oder zu Lehrsätzen verdichteter Vermutungen. Dass es mitunter sehr assoziativ-allegorisch wird, die Verbindung zur konkreten Frage verlorengeht und das Ganze schon gar nicht exklusiv ist, bekommt man dann erst mit Abstand mit. Aber gut, eine spitzenmäßige Goldgeschichte wie die Prinz-Claus-Story würde ich auch nicht nur einer Aufsichtsrätin mit Buchambitionen erzählen wollen.

Der Ärger und die Chancen

Ebenfalls mit etwas Abstand und mit Blick auf die Gesamtheit meiner Gesprächspartner fallen allerdings auch die unangenehmen Muster und Regelmäßigkeiten auf. Es gibt Ähnlichkeiten bei bestimmten Schlüsselfragen, es gibt die immer gleichen Querverbindungen, die eben nicht gezogen werden. Mut, Leistung, Opfer, Karriere, Familie – es kommt sehr selten zu der Erkenntnis, die sich mir in den Gesprächen und in meinem persönlichen Erleben so sehr aufdrängt: wie sehr das alles zusammenhängt.

Im Prinzip musste kaum jemand bewusst etwas opfern oder zwischen Kind und Karriere abwägen. Das ging alles, das war alles vereinbar. Nur wenige denken in unserem Gespräch darüber nach, warum das alles ging, warum alles vereinbar war, wer den Preis dafür gezahlt hat. Stattdessen erzählt man von stillschweigenden Vereinbarungen, Glück bei der Partnerwahl, unterschiedlichen Fähigkeiten und Interessen, die sich aber toll ergänzen. Dafür hat man andere Lebensmodelle, Lebenszeit, Kraft und Energie geopfert. Aller Vertrautheit und Offenheit zum Trotz geht es am Ende dann doch wieder ums Selbstbild: Hardest working man in business.

All diese Eindrücke, sie passen zu einer Interview- und Medienkultur, die all die weichen Fragen nach Familie, Befinden, Vorbildwirkung, Vereinbarkeit und Aussehen bei Frauen für selbstverständlich, bei Männern aber für irrelevant hält. Die Pflicht der Frauen ist die Kür der Männer. Doch ehe wir uns über die Umstände und Traditionen ärgern, die ein solches

Vorgehen zur Routine machen, betrachten wir doch einmal kurz die Chancenräume, die sich hier auftun.

Wir haben hier erfolgreiche Männer, die etwas zu erzählen und Erfahrungen zu teilen haben. Man muss sich nur für sie interessieren. Dass eine Großbäckerei versucht, mit Spitzenvaterpreisen breitenwirksame Vorbilder zu generieren, kann doch nur ein sehr kleiner Teil eines gesellschaftlichen Wandels sein. Ich halte es ehrlich gesagt für weitaus interessanter und wirksamer, die Brüche hinter den Erfolgsgeschichten zu zeigen, die bislang weitgehend ungebrochen erzählt werden. Wenn man erfolgreichen Männern den Raum dafür gibt, dann können auch sie eben Erfahrungen und Zweifel zeigen, Zusammenhänge skizzieren. Das sind dann keine glamourösen Boulevard-Infos – das sind meine Familiengeschichten und Kalendertipps ja auch nicht. Aber es sind grundlegende und wichtige Informationen, die zum Verständnis dafür beitragen können, wie unsere Gesellschaft tatsächlich funktioniert: Dieser Mann hat dieses Familienbild, jener sieht sich nicht als Vorbild, dieser ist gegen eine Frauenquote, hält sie aber für nötig, jener hat schon einmal über die Opfer nachgedacht, die andere für seine Karriere gebracht haben.

In der bereits einige Male erwähnten Rabenmutter-Studie beschreibt die ehemalige BamS-Chefredakteurin Marion Horn die Rolle der Medien in der Gesellschaft: »Medien können keine neue Welt bauen. Aber sie können Strömungen verstärken oder reduzieren und Bilder zementieren oder aufweichen. Da sollten Medien Verantwortung übernehmen.«[1] Ich denke, dass es in unserer Gesellschaft nicht an neuen, spannenden, anderen Strömungen und Bildern mangelt. Ich denke, dass Medien ihr Publikum unterschätzen, wenn sie immer nur die bewährten Rollenbilder reproduzieren. Ich denke, dass jeder und jede Einzelne mehr erwarten kann als ein zementiertes Durchschnittsbild, das den meisten Lebensrealitäten sowieso nur noch in Teilen entsprechen dürfte. Ich denke, dass wir alle bereit dafür sind, mal ein paar neue Strömungen zu verstärken.

Die Verantwortung dafür liegt aber natürlich nicht nur bei »den Medien« oder »den Strukturen«, sondern im persönlichen Alltag aller Menschen. Sie will wahrgenommen werden, wenn es darum geht, die eigene Leistungs- und Glücksbilanz mal ehrlich kritisch zu betrachten. Sie will wahrgenommen werden, wenn Chancen winken, in die man reinwachsen kann. Sie liegt in unserer Sprache und unserer Verantwortung füreinander. Denn das »Jetzt geht's los« für die Gesellschaft der Zukunft entsteht nicht im Warten auf den richtigen Moment, sondern im aktiven und gemeinsamen Handeln.

Also: Wollen wir?

JETZT GEHT'S LOS

*»Ich kann nichts dafür, dass ich in das Raster ›weißer,
mittelalter Mann‹ falle. Ich möchte aber, dass wir aus
diesem Raster ausbrechen.«*

Jörg Eigendorf, erfolgreicher Mann

Die letzten zehn Jahre haben von uns als Gesellschaft viel an
Positionierung, Einfallsreichtum und Veränderungswillen
verlangt – ein Verlangen, das wir größtenteils zurückgewiesen haben. Das konnten wir uns leisten, weil wir noch von
den Erfolgen des letzten Jahrhunderts leben. Aber dieses Pols-
ter ist endlich, und die kommenden Jahre werden nicht weniger fordernd. Dafür braucht es nicht einmal eine Pandemie.
So stellen technologische und wirtschaftliche Entwicklungen
ewig gültig geglaubte Grundannahmen in Frage. Erwerbsarbeit, Wertschöpfung, Kommunikation, Mobilität, Bildung,
politische Mitbestimmung und kulturelle Teilhabe, internationale Allianzen und Polarisierungen, Menschenbilder, Füh-
rungsprinzipien – die fortschreitende Digitalisierung ist Ini-
tialzünder und Beschleuniger für Veränderungstrends, die tief
in unsere Gesellschaft wirken. Wer hier neue Antworten finden will, muss neue Strukturen schaffen, neuen Ideen Raum
geben, Vielfalt fördern und zulassen. Die Abschaffung struk-

tureller Ungerechtigkeiten zwischen Männern und Frauen ist ein Teil dieses Prozesses – vielleicht sogar der einfachste.

Es gibt Signale, die vorsichtig optimistisch machen. So stellt die AllBright-Stiftung im September 2019 fest: »Es gibt Bewegung an den deutschen Unternehmensspitzen: Rekordverdächtig viele Wechsel haben im vergangenen Jahr zu mehr neuen Frauen als sonst in den Vorständen der 160 deutschen Börsenunternehmen geführt.«[1] Auch wenn 2020 – wie schon erwähnt – eher eine Enttäuschung darstellt, ist Veränderung also möglich.

Im Februar 2020 stößt Franziska Giffey, Bundesministerin für Familie, Senioren, Frauen und Jugend, die Diskussion um Frauen in Vorständen erneut an. »Ich würde das nicht Quote nennen«, erklärt sie dem Handelsblatt leicht beschwichtigend. »Eine Quote ist ein prozentualer Anteil. Wir beschreiben es in unserem Gesetzentwurf anders: In Vorständen mit mehr als drei Mitgliedern soll künftig mindestens eine Frau vertreten sein. Das soll für die wirklich großen Player in Deutschland gelten, diejenigen also, die auch eine große Vorbildwirkung haben.«[2]

Flankiert wird ihr Vorstoß von der sommerlichen Auseinandersetzung um eine Frauenquote in der CDU. Im Juli einigt sich die Parteispitze auf eine schrittweise Anhebung der Quote für Vorstände ab der Kreisebene – fast 19 Jahre nach der Wahl des CDU-Mitglieds Ole von Beust zum Bürgermeister Hamburgs. Von Beust erinnert sich: »Ich habe auch damals nach der Wahl gesagt, dass ich für einen befristeten Zeitraum für eine verbindliche Quote bin, weil ich glaube, anders kriegt man es nicht hin.«

Es gibt Anzeichen für ein gesteigertes Problembewusstsein. Die Diskussionen werden lösungsorientierter, die Abwehrreflexe schwächer. Aber es gibt sie noch: »Wer immer noch denkt, Hysterie sei weiblich, war noch nie bei Twitter, wenn mal wieder #Frauenquote trendet«, twittert Lisa Frerichs, Referentin einer Berliner Staatssekretärin, zutreffend im Juli 2020. Die AllBright-Stiftung wiederum stellt dem positiven Trend und den rekordverdächtig vielen Wechseln auch die absoluten Zahlen gegenüber: Im September 2019 sitzen in den Vorständen der 160 deutschen Börsenunternehmen 66 Frauen. Ihnen gegenüber: 641 Männer.

Den Grund für den Mangel an Geschwindigkeit und die Trägheit der Veränderung sehe ich vor allem in den tief verwurzelten Geschlechterklischees, in tradierten Rollenzuschreibungen und in oft falschen Vorstellungen vom Zusammenhang zwischen »Leistung« und »Erfolg«. Wie hartnäckig sich all das hält, zeigen mir die Fragen, die man mir immer wieder stellt, und auch die Antwortmuster der erfolgreichen Männer. Ich möchte noch einmal etwas tiefer auf zwei wesentliche Themen unserer Gespräche eingehen: die Diskussion um die Frauenquote und die Diskussion um Vereinbarkeit. Darüber hinaus sollen an dieser Stelle einige Aspekte erwähnt werden, die in diesem Buch bislang keinen Platz gefunden haben, die für den Umgang mit den aktuellen und zukünftigen Herausforderungen jedoch enorm wichtig sind.

Für eine Frauenquote für Vorstände

Es ist sicher längst deutlich geworden, dass ich an den gesammelten Interviews einige Punkte besonders auffällig und erwähnenswert finde. Einer davon ist, dass auch und gerade die Männer, die ihre Karrieren nicht zuletzt durch die familiäre Zuarbeit ihrer Partnerinnen realisieren konnten, sich für Frauenquoten aussprechen. Holger Friedrich gehört dazu, ebenso Jürgen Bornschein oder Joe Kaeser. Sie sind dabei keine Eiferer, wirken eher kritisch und haben durchaus Bedenken. Einige dieser Bedenken teile ich. So sind gesetzlich vorgeschriebene Frauenquoten in der Wirtschaft letztlich ein Eingriff in die unternehmerische Freiheit. Außerdem wird eine temporäre Bevorzugung von weiblichen Führungskräften in Einzelfällen sicher auch zu Frustrationen führen. »Das ist das Gemeine an der Quote«, stellt Jörg Eigendorf richtig fest, »wenn man das Gefühl hat, man bleibt wegen der Quote auf der Strecke. Was mir nie passiert ist. Aber ich kann schon nachvollziehen, dass es manche Männer empfinden, das kann ich schon verstehen. Obwohl ich für die Quote bin.«

Dieses Gefühl, diesen Effekt machen die meisten Gegner der Frauenquote zu ihrem zentralen Argument: Kompetente und leistungsstarke Männer würden auf der Strecke bleiben, weil Frauen nun ohne jeden Blick auf Leistung und Kompetenz befördert würden. Hier wird oft das Hohelied der Leistungsgerechtigkeit bemüht. Ich möchte auf einen Teil des Arguments gar nicht groß eingehen – in meinen Augen ist es schlicht Quatsch, dass eine verbindliche Frauenquote dazu führen würde, dass Frauen keine Kompetenz und Leistung mehr vorweisen müssten. Aber ich möchte dennoch kurz einmal auf das Thema Leistungsgerechtigkeit blicken.

Die direkte Korrelation von Leistung, Kompetenz und Karriere halte ich weitgehend für einen Mythos. Ich glaube nicht, dass automatisch die Besten ihres Faches an der Spitze landen, und ich glaube auch nicht, dass die an der Spitze automatisch die Besten ihres Faches sind. Karriere ist kein Rollenspiel, man sammelt keine Erfahrungspunkte, die irgendwann das nächste Level freischalten. Stattdessen führt gute Leistung – kombiniert mit einem ordentlichen Netzwerk, soliden sozialen Fähigkeiten, einer gewissen Sichtbarkeit und einem gesunden Schlag Glück – irgendwann zu Angeboten und Gelegenheiten. Die nimmt man an und wahr, leistet und netzwerkt weiter, bekommt gegebenenfalls irgendwann die nächste Gelegenheit. So war es für mich, so war es für viele erfolgreiche Männer. »Glück muss man immer haben«, sagt Helmut Thoma, der Älteste in der Runde. »Ohne Glück geht nix.« Auch wenn es sich für manchen Verfechter des Leistungsprinzips anders anfühlen mag: Es gibt keine Karrierekurve, es gibt keine Karrierediagonale, es gibt höchstens eine Karrieretreppe. Karriere funktioniert in Stufen, beeinflusst durch externe Faktoren, die sich ihrerseits kaum beeinflussen lassen – das muss nicht unbedingt der Zusammenbruch eines repressiven Gesellschaftssystems sein wie bei Frank-Peter Weiß. Manchmal reicht es auch, wenn Sigmar Gabriel oder Sabine Christiansen anrufen.

Wir haben nun oft genug gehört, dass Männer eher dazu neigen, Karrieregelegenheiten wahrzunehmen – unabhängig von der konkret vorhandenen Kompetenz. Man wächst da rein. Wir haben ebenso oft erfahren, dass Frauen eher dazu neigen, sie auszuschlagen – aus Feigheit, Unsicherheit, subjektiv empfundenem Mangel an Fähigkeiten. Aber sie leisten ja trotzdem weiter, arbeiten an sich, gewinnen Kompetenzen und Erfahrung. Auch ihre Karriere lässt sich irgendwann als Treppe darstellen, nur sehr viel flacher und meist an einer gläsernen Decke endend. Haben diese Frauen denn objektiv weniger geleistet? Ist hier Leistungsgerechtigkeit im Spiel? Ist es angesichts des hohen Männeranteils in den oberen Führungsebenen vielleicht möglich, dass Frauen generell weniger Angebote erhalten als Männer? Sind rhetorische Fragen ein irgendwann ermüdendes Stilmittel der Auseinandersetzung?

Vertrauen Sie nicht mir, vertrauen Sie Florian Becker, dem Bereichsvorstand der Wirtschaftspsychologischen Gesellschaft: »Leistung und Karriere überlappen selten, die Überschneidung liegt laut Wirtschaftspsychologen bei nur rund 10 %. Wenn es um betriebswirtschaftlichen Erfolg geht, werden sogar systematisch die Falschen befördert. Nicht die, die für das Unternehmen am erfolgreichsten sind, steigen auf, sondern die, die am erfolgreichsten für sich selbst sind.«[3]

Was ich sagen will: Dass das bestehende Beförderungs- und Karrieresystem allein auf Kompetenz und Leistung abstellt, halte ich für ein Märchen zur Selbstberuhigung der Erfolgreichen und zur Motivation der Erfolgsuchenden. Belohnende Torte und motivierende Möhre am Stock in einem. Gibt es ein weiteres Argument gegen eine Frauenquote?

Gibt es. Es lautet: »Es gibt einfach nicht genug Frauen.« Eine Variation davon wurde auch im Sommer 2019 in der Auseinandersetzung um die Quote in der CDU häufig bemüht, und auf den ersten Blick durchaus mit Recht: Bei rund 402 000 Mitgliedern und einem Frauenanteil von 26 %, in ländlichen Gebieten sogar deutlich darunter, wirkt eine angepeilte Frauenquote von 50 % überzogen und schwer erreichbar. Doch wer deshalb die Quote für nicht praktikabel und unzulässig hält, folgt einem groben Fehlschluss.

Eine Frauenquote ist natürlich keine magische Formel, die

plötzlich Frauen in Führungspositionen zaubert. Sie bietet keine Abkürzung, die einen grundsätzlichen Kulturwandel überflüssig macht. Im Gegenteil: Sie ist eine Zielvereinbarung, die Bemühungen um ihre Erfüllung einfordert. Sie soll zum Finden von Lösungen verpflichten und dazu, tradierte Prozesse und Attitüden aufzugeben, die diesen Lösungen im Weg stehen. Der offensichtliche, unbewegliche, jahrelang gepflegte Groll einiger CDU-Männer gegen die erste Frau im Kanzleramt zeigt es mit einiger Deutlichkeit: Auch eine Frau an der Spitze eines Landes markiert nicht das Ende des Kampfes für echte Gleichberechtigung. Im Gegenteil: Jetzt muss es erst richtig losgehen.

Für die CDU muss also die Frage lauten: Wie kann ich in einem Land wie Deutschland, das einen leichten Frauenüberhang hat, meine Partei und die politische Arbeit an sich für Frauen attraktiver machen? Welche Hemmnisse gibt es, und wie baue ich sie ab? Welche Anreize wirken, und wie biete ich sie an? Dabei lässt sich über die Höhe einer Frauenquote, über regionale Unterschiede und reale Schwierigkeiten durchaus reden: Eine realistische Frauenquote, die durch strukturelle Veränderungen und bewusste Arbeit erfüllt werden kann, ist hier besser als eine enorm ambitionierte, die bei der erwartbaren Nichterfüllung nur Frustration schafft und den Bemühungen um langfristige Parität eher schadet als nützt.

Der Blick auf die aktuelle politische Landschaft zeigt doch: Es gibt sie, die Frauen, die sich gern politisch engagieren wollen und auch das Zeug dafür haben. Macht ihnen Angebote, die besser sind als das, was ihnen bislang vorliegt. Schafft Strukturen, die ihnen gerecht werden.

Und auch der Blick in die Privatwirtschaft lässt vermuten, dass eine Frauenquote dazu führt, dass Kompetenz dort entdeckt wird, wo man zuvor aus Gewohnheit einfach nie gesucht hat. Janina Kugel, Simone Menne, Christina Reuter, Martina Merz, Margret Suckale sind in ihren jeweiligen Positionen in erster Linie gute, kluge, kompetente Managerinnen, Aufsichtsrätinnen, Vorstandsmitgliederinnen und Unternehmerinnen – und nicht in erster Linie Frauen. Doch ohne die verpflichtende 30 %-Quote für Aufsichtsräte wären einige von ihnen vielleicht übergangen worden, weil der klassische führende Mann doch nur wieder sein männliches Netzwerk bemüht hätte, statt kluge Frauen zu identifizieren.

Parität ist möglich, man muss sie nur wollen. Eine Frauenquote sorgt dafür, dass man sie wollen muss. Deshalb halte ich die Vorstandsfrauenquote, auf die sich die Regierungskoalition im November 2020 einigte, für einen kleinen, aber wichtigen Schritt. Denn auch in den wenigen betroffenen Unternehmen entfaltet die Quote ihre Wirkung, indem sie mit der Selbstverständlichkeit bricht, mit der viele deutsche Firmen noch 2019 eine »Zielgröße Null« für Frauen im Vorstand angaben.[4] Stattdessen stellt sie in den Vordergrund, was Joe Kaeser bereits treffend formulierte: »Was mache ich, damit ich Frauen in einem frühen Stadium der Entwicklung so führen kann, dass sie nicht nur Quoten erfüllen, sondern den entsprechenden Beitrag leisten?« Die Erfüllung der Frauenquote in den Vorständen beginnt mit der Förderung, Aktivierung, Berücksichtigung weiblicher Führungskräfte im mittleren Management. Jedes kluge Unternehmen sollte sich eher früher als später eine Quote in der zweiten Führungsebene verschreiben, um nicht nur für eine kommende Vorstandsquote, sondern für die Zukunft an sich gerüstet zu sein.

Müssen Maßnahmen für eine bessere Vereinbarkeit von Beruf und Familie, Kind und Karriere Teil einer solchen Förderung sein? Auf jeden Fall. Allerdings darf hier gern etwas größer und grundsätzlicher gedacht werden.

Für eine geschlechterübergreifende Vereinbarkeitsdiskussion und eine stärkere Verpflichtung der Väter

Ohne dass ich die Gespräche bewusst dahin lenke, komme ich sowohl mit Gregor Gysi als auch mit Frank-Peter Weiß auf das Frauenbild und den Stand der Gleichberechtigung in der DDR zu sprechen. Schon 1949 hieß es schließlich in der Verfassung des sozialistischen Nachkriegsstaates: »Mann und Frau sind gleichberechtigt. Alle Gesetze und Bestimmungen, die der Gleichberechtigung der Frau entgegenstehen, sind aufgehoben.« Die wirtschaftliche Lage und die demographische Situation des Landes machten die Arbeitskraft der Frauen zu einer unverzichtbaren Ressource. Gekoppelt mit den protofeministischen Idealen der Arbeiterbewegung und einem Menschenbild, das die Berufs- bzw. Werktätigkeit als ein menschliches Grundbedürfnis verstand, wurden Emanzipation und Gleichberechtigung von oben verordnet. Gesetze zum Mutter- und Kinderschutz und ein breites Angebot der Kinderbetreuung sollten auch hier die Vereinbarkeit von Kind und Karriere sichern. Verglichen mit der Bundesrepublik, wo erst 1977 die Aufgabenteilung in der Familie nicht mehr gesetzlich vorgeschrieben war, scheint die DDR in der Frage der Geschlechtergleichheit enorm fortschrittlich gewesen zu sein.

»Aber was man sehen muss«, widerspricht Frank-Peter Weiß: »Das hat Riesenbelastungen für die Frauen gebracht, Beruf und Familie miteinander zu verbinden. Es wurde sehr viel verlangt von den Frauen.« Auch Gregor Gysi spricht von einer Doppelbelastung, »weil die Frauen Haushalt, Kinder und Beruf machten und die Männer erst zögerten«. Klassische Rollenklischees wurden nur so weit adressiert, wie sie der Sicherung von Arbeitskraft im Weg standen. Frauen blieben dennoch vor allem Mütter und Familienmanagerinnen, Führungspositionen in Wirtschaft und Politik blieben Männern vorbehalten.

Anna Kaminsky, Leiterin der Bundesstiftung zur Aufarbeitung der SED-Diktatur, untersucht den Mythos einer feministischen Republik in ihrem Buch »Frauen in der DDR«. Das vermeintlich fortschrittliche Rollenbild des Staates umreißt sie so: »Die moderne Frau in der DDR sollte nicht nur voll berufstätig sein. Sie sollte sich auch ständig weiterbilden und in gesellschaftlichen Organisationen aktiv sein. Sie sollte den Haushalt meistern und eine gute Köchin sein. Ihren Kindern sollte sie eine liebevolle Mutter und ihrem Mann eine zwar beruflich gleichberechtigte, aber dennoch fürsorgliche Ehefrau sein.«[5]

Vielleicht kommt mir dieses Frauenbild nicht bis ins letzte problematische Detail bekannt vor. Aber wie weit sind wir in den zwanziger Jahren dieses Jahrhunderts wirklich von dieser Idee der »modernen Frau« entfernt? »In der Berichterstattung über Frauen nimmt das Familienleben rund 2,5-mal so viel Raum ein wie bei Männern«, stellten die Autor*innen der Studie »Die Ausnahme, die Rabenmutter, die Kämpferin« fest.[6] Und auch wenn erfolgreiche Männer mit mir über Maßnahmen für eine verbesserte Vereinbarkeit sprechen, steht immer wieder die Frau als Mutter im Vordergrund: Stillzimmer, Spielzimmer, Mütterteilzeit, Home-Office. Doch eine Vereinbarkeitsdiskussion, die nicht auch mit ganzer Kraft Rollenklischees hinterfragt, wird am Ende in die gleiche Falle tappen wie der staatlich verordnete Feminismus der DDR.

Vereinbarkeit muss ein Thema für beide Geschlechter werden. Dafür schlug Jochen König in der ZEIT radikale Maßnahmen vor: »Wer Vollzeit arbeitet und nicht mindestens sieben Monate in Elternzeit geht, könnte beispielsweise grundsätzlich das Sorgerecht verlieren. Wer sich auf diese Weise unsolidarisch gegenüber dem anderen Elternteil und den eigenen Kindern verhält, hat nichts mitzuentscheiden. Vielleicht würde das etwas mehr Väter motivieren, in der Familie aktiver zu sein.«[7] Die Aufregung über diesen Lösungsvorschlag war erwartbar groß – so groß, dass kaum noch über das Problem dahinter diskutiert wurde. Aber warum arbeiten wir als Gesellschaft nicht viel stärker daran, mehr väterliches Engagement in der Familie zu fördern und zu fordern? Seit Jahren schrumpft in Deutschland der Abstand der Erwerbstätigenquote zwischen Männern und Frauen. Sollten wir nicht viel aktiver darum bemüht sein, das Rollenbild der weiblichen Hüterin und des männlichen Brötchenverdieners endlich abzuschaffen?

Wie stark dieses Rollenbild in den Köpfen ist, zeigen nicht zuletzt die schon erwähnten Unterschiede zwischen Männern und Frauen bei der Elternzeitquote: Väter gehen deutlich seltener in Elternzeit als Mütter und nehmen dann meist auch nur die zwei sogenannten »Vätermonate«. Die oben zitierte Studie dazu[8] stellt fest, dass neben der Sorge um Kar-

rieremöglichkeiten vor allem finanzielle Gründe die Eltern-
ambitionen der Väter bremsen: Sie verdienen meist mehr als
die Frau. Mich fasziniert, wie beiläufig diese Begründung oft
akzeptiert wird – als wäre es selbstverständlich, dass Männer
nun einmal mehr verdienen. Den Gender Pay Gap – die Dif-
ferenz des durchschnittlichen Bruttostundenverdienstes von
Frauen und Männern für die gleiche Arbeit – bezifferte das
statistische Bundesamt 2017 mit 21 %.[9] Ein Fünftel weniger
Lohn – das ist die Position, von der aus Mütter und Väter den
ökonomischen Wert der jeweiligen Elternzeit bewerten und
verhandeln. Selbst wenn man in diesen unbereinigten Gender Pay Gap strukturelle Faktoren und Voraussetzungen wie
Ausbildungsgrade, Qualifikationen, Branchen, individuelle
Arbeitserfahrung mit einberechnet, als hätten die nichts mit
dem Geschlecht zu tun, ist der bereinigte Gender Pay Gap mit
bis zu 7 % noch immer statistisch und für die Familie relevant.

Dabei stehen der geringere Lohn der Frauen und ihre gesell-
schaftlich festgeschriebene Mutterrolle in direktem Zusammenhang. 2001 hielt die Hans-Böckler-Stiftung in ihrem
»Bericht zur Berufs- und Einkommenssituation von Frauen
und Männern« fest: »Zuständigkeit für die Familienarbeit
und tendenziell schlechtere Positionen von Frauen auf dem
Arbeitsmarkt sowie eingeschränkte berufliche Entwicklungs-
möglichkeiten und Verdienstchancen bedingen und verstärken sich wechselseitig. Im innerfamiliären Aushandlungspro-
zess spielen der geringere Beitrag zum Haushaltseinkommen
sowie die eingeschränkten beruflichen Karrieremöglichkei-
ten von Frauen eine zentrale Rolle.«[10]

Um diese wechselseitige Verstärkung zu durchbrechen,
gibt Waldemar Zeilers Start-up einhorn seinen Mitarbei-

ter*innen pro Kind 400 Euro Gehaltszuschlag. Die Motivation liegt dabei auch in einer generell transparenten Gehaltsgestaltung, doch für Zeiler stellt sich hier darüber hinaus eine grundsätzliche unternehmerische Frage: »Wir haben hauptsächlich Frauen im Team. Normalerweise, wenn man ein Kind bekommt, wird daheim verglichen: Wie viel verdient jeder? Und da zieht meistens die Frau den Kürzeren. Und dieses Spiel wollen wir als Arbeitgeber nicht verlieren. Unsere Frauen sind superwichtig für uns.« Erwähnens- und lobenswert ist dieses Vorgehen als einer von vielen möglichen Lösungsansätzen für das Problem, vor allem als Zeichen dafür, dass das Problem erkannt und auch als geschäftliche Herausforderung behandelt wird. Egal, wie Unternehmer*innen grundsätzlich zu Gender Pay Gap, Geschlechterrollen, Vereinbarkeit stehen: Der bereitwillige Verzicht auf Frauen im Beruf, der Verzicht auf die Hälfte einer potenziell exzellenten Belegschaft ist doch keine rationale Business-Entscheidung!

Ich wünsche mir für diese Gesellschaft einen grundsätzlich anderen Blick auf Familie, Erziehung und Aufgabenverteilung. Ich wünsche mir eine offene Diskussion und Maßnahmen, die unser Familienbild in ein neues Jahrtausend holen: Maßnahmen, die Väter stärker in die Pflicht nehmen und die Selbstverständlichkeit weiblicher Care-Arbeit aufheben. Das könnten Bonuszahlungen und Auszeitverpflichtungen auf unternehmerischer Ebene sein, das Knüpfen staatlicher Zuschüsse an familiäre Bedingungen oder die stärkere Berücksichtigung alternativer Familienmodelle.

Vor allem Letzteres ist mir wichtig, denn mir ist sehr bewusst, aus welcher Position heraus ich argumentiere. Allein das Familienmodell, in dem ich lebe, steht in einer

Vater-Mutter-Kind-Tradition, die längst nicht mehr selbstverständlich ist. In Deutschland gibt es rund 2,6 Millionen Alleinerziehende, davon rund 2,2 Millionen Mütter. Darüber hinaus und eng damit verbunden leben viele Kinder und Familien in verschiedensten Patchwork-Modellen. Diese Situation widerspricht meinen Forderungen und Vorstellungen für das »traditionelle Familienmodell« jedoch nicht, sie erhöht im Gegenteil den Druck: Wir brauchen vielfältige Lösungsansätze für vielfältige Lebensmodelle und ein grundsätzlich neues Denken für grundsätzlich neue Zeiten.

Da ich mit alternativen Familienmodellen nun schon einen Punkt angesprochen habe, dem ich in diesem Buch weit weniger Raum gebe, als er verdient, möchte ich darauf und auf weitere Punkte gern etwas genauer eingehen.

Die Leerstellen dieses Buches

Die Entstehungsgeschichte dieses Buches ist sehr eng mit mir und meinen Lebensumständen verknüpft. Die erfolgreichen Männer, mit denen ich gesprochen habe, weisen untereinander ebenfalls große Ähnlichkeiten auf. Mit der Ausnahme von Ole von Beust handelt es sich bei allen Gesprächspartnern um heterosexuelle weiße Männer, deren Familienleben trotz verschiedener Brüche meist traditionellen Beziehungsmodellen entsprach und entspricht. Der Fokus meiner Beobachtungen und Argumentationen ist deshalb sehr klar und sehr eng und lässt viele Aspekte außen vor, die unbedingt Teil dieser gesellschaftlichen Diskussion sind. Ich möchte an dieser Stelle nicht nur denen, die das längst bemerkt haben, mein

Bewusstsein für diese Fragen demonstrieren. Ich möchte vor allem denjenigen, die die Diskussion um Frauen und Männer eigentlich schon komplex, frustrierend und/oder motivierend genug finden, zeigen, dass wir in einer vielfältigen und sich verändernden Gesellschaft voller Schnittmengen und fließender Übergänge leben. Die hier angestoßene Diskussion kann deshalb nicht bei Mutter-Vater-Kind-Karriere enden.

Leerstelle 1: Die Alleinerziehenden

Ich mache mir keinerlei Illusionen: Mein Leben als Mutter und Unternehmerin würde nicht so funktionieren, wenn ich die alleinige Verantwortung für meine Tochter tragen würde. Schon wenn wir in Berlins notorisch unterversorgter Kita-Landschaft keinen Platz bekommen hätten, wäre unser Leben weit schwieriger und fordernder. Ich habe gewaltigen Respekt vor der Leistung alleinerziehender Eltern und ärgere mich sehr über die Haltung des Staates in Fragen der Kinderbetreuung. In Berlin sind die Kitas seit 2018 kostenlos, dafür fehlen je nach Auskunftsstelle rund 3000 bis 10000 Plätze. Deutschlandweit kosten Kitas die Eltern in vielen Fällen noch Geld, dennoch fehlen auch auf nationaler Ebene rund 270000 Kitaplätze. Eine Volkswirtschaft, die qualifizierte Arbeitskräfte braucht, kann es sich jedoch nicht leisten, auf das Potenzial von Alleinerziehenden zu verzichten. Hier ist die Balance von Kinderbetreuung und Vereinbarkeitslösungen der Schlüsselfaktor.

Die Wichtigkeit qualifizierter Betreuung anzuerkennen und zu honorieren bedeutet jedoch nicht nur, ein paar Kitas mehr zu eröffnen. Es bedeutet vor allem eine Aufwertung des Berufsstandes, eine Erhöhung seiner Attraktivität und auch des Verdienstes. Erzieher*innen sind ausgebildete Fachkräfte in einem enorm fordernden Beruf – dennoch leisten wir es uns gern, so zu tun, als könne diese Arbeit von jede*r Quereinsteiger*in mit ein paar Schulungstagen erledigt werden. Gestern Schlecker-Frau, heute Erzieherin. Und während sich Pflegekräfte, Ärzt*innen und Einzelhandelsmitarbeiter*innen vom folgenlosen Klatschen in der Corona-Krise zwar auch eher wenig kaufen konnten, wurde für Erzieher*innen nicht einmal geklatscht. Deren Angebote und Leistungen werden vielmehr als reiner Hygienefaktor wahrgenommen: sehr ärgerlich, wenn sie fehlen, aber eigentlich ja selbstverständlich. Dieses Berufsbild muss dringend überholt werden, und mit der Entlohnung fängt das an. Letztlich wird das Entgelt von Erzieher*innen maßgeblich von staatlichen Zuschüssen bestimmt – warum also spart der Staat an dieser Investition in seine Zukunft?

Die Privatwirtschaft ist angehalten, Teilzeit- und Jobsharingmodelle zu entwickeln, die Karriere und nicht traditionelle Familienmodelle wirklich vereinbar machen. Teilzeit wird noch viel zu oft als minderwertige Arbeitsform verstanden, Führungsrollen noch viel zu oft an Präsenz gebunden. Das Modell Eigendorf – gleichberechtigte Teams in Leitungspositionen – sollte nicht nur für erfolgreiche Männer eine Möglichkeit sein. Es ist geschlechterübergreifend zukunftsfähig.

Bei mehr als zwei Millionen alleinerziehenden Müttern darf auch die Frage nach einer stärkeren Verpflichtung der Väter neu verhandelt werden. Ich scheue hier vor übergreifenden

Empfehlungen zurück, da die Diskussion meist auf anekdotischer Basis – »aber ich kenne jemanden, da ist es ganz anders« – geführt wird und schnell eskaliert. Mein Eindruck ist jedoch, dass von Fragen des Unterhalts über die Verteilung der Care-Arbeit bis zum häufig zu erlebenden Sorgerechtsautomatismus »Das Kind gehört zur Mutter« noch lange keine abschließende Lösung gefunden wurde, dafür aber auch hier klassische und oft überholte Geschlechterrollen wirken.

Leerstelle 2: Bildung und soziale Herkunft

Die Diskussion um Frauenquoten in Vorständen und Aufsichtsräten ist auch deswegen oft so schwierig, weil sie die Lebensrealität vieler Menschen kaum betrifft. Auch hier ist meine Position klar privilegiert: solides Elternhaus, gehobener Bildungsweg. Ich habe während des Studiums mein eigenes Geld verdient, aber schon Abitur und Zugang zum Jurastudium stehen ja nicht allen offen. Deutschland ist, stellt die OECD 2018 fest, noch immer ein Land mit geringer sozialer Mobilität. Das bedeutet, dass die soziale Herkunft einen sehr großen Einfluss auf die Bildungs- und Karrierechancen hat. So schreibt das Handelsblatt über die Ergebnisse der OECD-Studie: »Vergleicht man Väter und Söhne in Deutschland, dann gelingt nur 9 % der Söhne von Vätern mit geringem Einkommen der Aufstieg in die höchste Verdienstgruppe. Ganz anders sieht es für Kinder von Vätern mit hohem Verdienst aus: Die Hälfte von ihnen wird später einmal gut verdienen. Ebenso schlecht sieht es bei den Bildungschancen aus: 53 % der Kinder von Eltern mit hohem Bildungsstatus schaffen einen Uni-Abschluss, aber nur jedes zehnte Kind von Hauptschulabsolventen.«[11]

Einen wesentlichen Grund für die geringe soziale Mobilität sieht die OECD dabei im deutschen Bildungssystem, das es nicht schafft, die strukturellen Chancenungleichheiten aufzuheben. Kitas und Ganztagsschulen könnten Kindern aus sozial benachteiligten Familien mehr Bildung bieten, die auf die Grundschule folgende Aufgleisung der Kinder auf verschiedene Bildungsbiographien sollte dringend überarbeitet werden.

Hier schließt sich der Kreis zu ganzheitlichen Vereinbarkeitsmodellen und zur Wichtigkeit der Kinderbetreuung. Die Gleichberechtigung der Geschlechter ist Teil der sozialen Frage, und neben Frauenquoten und neuen Vereinbarkeitsmodellen sind der Ausbau des Bildungssystems und die Aufwertung pädagogischer Berufe wesentliche Bausteine einer paritätischen Zukunft.

Leerstelle 3: Eine Frage des Geschlechts

Ein Buch, das sich in diesem Jahrhundert mit Fragen der Geschlechterverhältnisse befasst, kann nicht darauf verzichten, über das Geschlecht an sich zu reden. Es ist gut und wichtig, über die Ungleichbehandlung von Männern und Frauen zu sprechen. Es ist ebenso gut und wichtig, sich bewusst zu machen, dass das eine reduktive Diskussion ist. Es würde den Rahmen sprengen, hier ins Detail der Gendertheorie und des »Geschlechts als soziales Konstrukt« zu gehen. Es wurde in diesem Buch jedoch sicher deutlich, dass bestimmte mit dem

Geschlecht verbundene Rollenerwartungen den Menschen sehr viel stärker prägen und fordern als das reine biologische Geschlecht und dass es dabei selbstverständlich zu Konflikten kommen kann. Angemessen verkompliziert wird jede Genderdiskussion aber auch dadurch, dass die Forschung der letzten Jahre auch den Begriff des »biologischen Geschlechts« der Eindeutigkeit beraubt hat, die viele Menschen noch mit einem Blick zwischen die Beine für gesichert halten.

Ich lasse diese Diskussion in meinem Buch außen vor. Ich habe Unterschiede in der Behandlung »männlich« und »weiblich« gelesener Menschen gesehen und untersuche sie unter diesem Aspekt. Mit einigen Männern habe ich mich allerdings auch darüber unterhalten, wie wichtig ihnen genderneutrale Erziehung ist oder war. Es gab eigentlich kaum ein klares Bekenntnis dazu, aber die meisten Gesprächspartner waren sich darin einig, dass es neben Liebe, Verantwortung, Gemeinschaft auch eine gewisse Genderachtsamkeit braucht. Auch Kindern kann man ein Bewusstsein dafür vermitteln, Gerechtigkeit zu schaffen, statt klassische Bevorteilungen zu verstärken. Idealerweise, indem man sie ihnen vorlebt.

Ich streite mich im Übrigen gelegentlich mit meinem Freund darüber. Mir ist Genderneutralität um der Genderneutralität willen nicht so wichtig. Mir ist wichtiger, dass meine Tochter machen und erreichen kann, was sie will, und nie zurückstecken muss, weil sie ein Mädchen ist. Das ist Flo zwar auch wichtig, zusätzlich rationiert er jedoch sehr penibel den Pink-Anteil in der Kleidung unserer Tochter. Bloß nicht zu typisch Mädchen.

Leerstelle 4: Eine Frage der Diversität

Wir haben uns bei TLGG immer als sehr divers verstanden. Unser Geschlechterverhältnis ist ausgeglichen, wir beschäftigen viele queere Mitarbeiter*innen, wir haben Teammitglieder mit nicht europäischer Migrationsgeschichte, wir versammeln hier in Kreuzberg viele verschiedene Lebensmodelle und Hintergründe. Doch wann immer der Blick auf die Teamseite unserer Homepage fiel, sah es dann doch etwas anders aus: mehrheitlich jung, weiß, able. Vielfältig vielleicht, aber nicht so sehr divers.

Dabei ist Diversität ein wichtiger Grundsatz, ein wichtiges Werkzeug in diesen unsicheren, sich stetig wandelnden Zeiten. Sie ist ein Business-Faktor, keine Esoterik. Das belegen mittlerweile nicht nur viele Studien, das belegt auch der Umstand, dass ausgerechnet die Konzernmänner Jörg Eigendorf und Joe Kaeser am häufigsten von Diversität sprechen und aus der Mann-Frau-Diskussion herauszoomen. Jörg Eigendorf spricht deutlich auch von unterschiedlichen kulturellen Hintergründen, von sexueller Orientierung, von kognitiver Vielfältigkeit. Und auch für Joe Kaeser ist Diversität wichtig: »Wir setzen auf die Entwicklung der jungen Menschen im Unternehmen, auf faire Chancen unabhängig von Herkunft, Geschlecht, Hintergrund.«

Dieses Buch versteht Diversität und Gleichberechtigung als zwei Seiten einer Medaille. Mit seinem vergleichsweise engen Fokus möchte ich der Diskussion einen konzentrierten Impuls geben, statt sie breit und intersektional anzuschieben. Ich erhebe keinen Anspruch auf Vollständigkeit, sondern konzentriere mich auf den Teil des Diskurses, der mich betrifft, für den ich sprechen kann und der sich nach Jahrhunderten der Auseinandersetzung mal langsam in einem Lösungsraum einfinden könnte.

Leerstelle 5: Der Migrationshintergrund

Ich hatte eigentlich nicht vor, ein Buch über erfolgreiche weiße Männer zu schreiben, aber das ist es nun geworden. Ich habe dabei mit fast allen Männern gesprochen, die sich auf meine Anfrage hin zurückgemeldet haben. Die ursprüngliche Empfängerliste war deutlich vielfältiger als das Endergebnis, doch viele vielversprechende Kandidaten haben nicht geantwortet, haben abgelehnt, haben mich während der Terminfindung dann doch geghostet. Nicht bei jedem hat die Corona-Krise zu einer Entspannung im Terminkalender geführt, bei manchem allerdings zu einer unangenehmen Themenverschiebung, der ich in diesem Buch unabhängig vom Absender keine Bühne geben wollte. So ist mein Buch ein sehr weißes Buch geworden. Mir ist bewusst, dass das die Argumentationsweise ist, die ich Konferenzveranstalter*innen oft zum Vorwurf mache, die ihr Programm sehr männlich besetzen: »Wir haben einfach nicht genug Frauen gefunden.« Doch auch ich kann da nur um Nachsicht bitten.

Auf der Suche nach eventuellen Kandidaten jedoch fand ich mich in einer anderen problematischen Situation wieder: Die Zeit wurde knapper, viele Interviews waren geführt, ich suchte noch nach dem einen, der eine nicht weiße, nicht urdeutsche Perspektive geben konnte. Und ich merkte: Ich suche den Quotenmigranten, der symbolisch für eine ganze theoretische Gruppe spricht. Ich suche jemanden für exakt die Rolle, die ich selbst eher ungern annehme. Ich brach die Suche ab, konzentrierte mich auf die vorliegenden Interviews und stellte bei der Arbeit daran fest: Ich habe hier wohl oder übel schon den durchschnittlichen deutschen erfolgreichen Mann interviewt.

Der durchschnittliche deutsche erfolgreiche Mann

Er hat sich von mir in die Karten gucken lassen, er hat sich Zeit genommen, er hat sich mir geöffnet. Manchmal hat er sich etwas mehr inszeniert, manchmal hat er sich ganz entspannt gehen lassen und ein sehr offenes Gespräch geführt. Manchmal begann er skeptisch und widerstrebend und wurde dann immer offener, manchmal begann er routiniert und fast unangenehm flirty und wurde dann immer ernster und aufrichtiger. Er hat Fehler mal eingeräumt und mal übersehen, Erfolge mal relativiert und mal gefeiert. Er hat gezeigt, dass er Teil des Problems ist, dass er aber auch gern Teil der Lösung wäre.

Gleichberechtigung, das haben die Gespräche und der Blick darüber hinaus deutlich gemacht, ist ein komplexes Thema mit vielen komplexen Schnittstellen zu vielen anderen komplexen Themen. Unser Anspruch sollte jedoch sein, es für alle einfacher, zugänglicher, gerechter zu machen. Denn die Zukunft mit all den anstehenden Umbrüchen und Änderungen wird den Grad der Komplexität nicht von allein verringern. Wir können angesichts all der Komplexität also die Hände verzweifelt überm Kopf zusammenschlagen, uns mit ihnen aktiv ignorant die Augen zuhalten oder sie mit einem »Was willste machen, es ist halt so« in die Taschen stecken. Besser, schöner, erfolgversprechender ist es jedoch, anzupacken und aktiv und gemeinsam Veränderung zu schaffen. Was ich vorschlage, sind punktuelle, aber breit wirkende Maßnahmen zur Veränderung: Eine verbindliche Frauenquote für Vorstände, eine Verpflichtung von Vätern zu Familienverantwortung und Care-Arbeit und der Ausbau und die Aufwertung der Kinderbetreuung. Andere haben andere Vorschläge, andere Ideen und Ansätze. Doch jede*r Einzelne kann unterstützen, verändern, Fragen stellen und Antworten entwickeln. Wenn wir alle unsere jeweilige Gestaltungsmacht und unsere Position erkennen und nutzen, können wir unsere Kräfte, Wünsche, Forderungen und Möglichkeiten für eine gute Zukunft kombinieren.

Also.

Jetzt geht's los.

DANKE SCHÖN

Dieses Buch wäre ohne die Zeit, die Arbeit, die Gedanken und die Ideen vieler guter Menschen nicht zum Buch geworden. Es wäre vielleicht ein Scherz geblieben, ein ungefährer Gedanke, der sich gelegentlich als unaufgelöste Unzufriedenheit bemerkbar macht. Aber zum Glück gibt es die Menschen, die bei der Auflösung geholfen haben. Ich danke vor allem Sebastian Cleemann für die hervorragende Zusammenarbeit, die konzeptionelle Unterstützung sowie seine Pünktlichkeit, Leistungsbereitschaft und eine gewisse soziale Kompetenz.

Allen Interviewpartnern sowie ihren Referent*innen und Assistent*innen gebührt immer wieder Dank für die Offenheit, das Vertrauen und die hilfreiche Vor- und Nachbereitung. Allen freundlichen Absagern vielen Dank für die freundlichen Absagen.

Als das mir zugewandte Gesicht und Herz und Hirn der Fischer-Verlage hatte Lexa Rost viel Vertrauen und stets hilfreiche Ansprüche. Als exzellente Lektorin hatte Hanne Reinhardt ein gutes Auge für Fehler, Unschärfen und schiefe Metaphern. Als Literaturagent brachte Thomas Hölzl die bestmöglichen Leute für dieses Projekt zusammen. Euch allen herzlichen Dank.

Für die entscheidenden Impulse dafür, aus einer Idee ein

Buch zu machen, danke ich Mirna Funk, Ana-Marija Cvitic und Sascha Lobo von Herzen.

Für die entscheidenden Kontakte, die aus einer Idee viele gute Gespräche machten, bin ich Stephanie Dettmann, Dirk Baur, Yan Doll, Igor Rücker, Anne Schlachter und Sebastian Friedrich sehr dankbar.

Tom Wagner, Hélène D'Aguanno und Henriette Theuergarten danke ich für tolle Fotos und wichtige Inspiration.

Christoph Bornschein und Boontham Temaismithi danke ich für den allzeit kritischen Blick und das Lachen an den richtigen Stellen.

Es ist noch jede Menge Dank und Liebe übrig für die Geduld, die Freiräume, das ganze Drumherum. Nichts bleibt davon übrig, wenn ich mit Flo, Luzie und meiner Mama fertig bin. Ich bin sehr froh, dass es euch gibt und mich und uns alle zusammen.

LITERATUR

DAS WARTEN AUF DAS »JETZT GEHT'S LOS«

1 ZEIT Online, Johanna Schoener (8. 5. 2017): »Warum sollte ich mich verkleiden?«. https://www.zeit.de/2017/24/fraenzi-kuehne-aufsichtsrat-freenet-frauenquote, abgerufen am 21. 6. 2020

2 ZEIT Online, Johanna Schoener (8. 5. 2017): »Warum sollte ich mich verkleiden?«. https://www.zeit.de/2017/24/fraenzi-kuehne-aufsichtsrat-freenet-frauenquote, abgerufen am 21. 6. 2020

3 Brigitte Academy, Liske Jaax (August 2018): »Fränzi Kühne: Die einzige Aufsichtsrätin, die Fan-Post bekommt«. https://www.brigitte.de/academy/fraenzi-kuehne-die-einzige-aufsichtsraetin-die-fan-post-bekommt-11259970.html, abgerufen am 25. 6. 2020

4 Red Bull Innovator, Janina Lebiszczak (15. 10. 2018): »Diese Chefin leitet lieber ungewöhnlich«. https://www.redbull.com/de-de/theredbulletin/fraenzi-kuehne-fuehrungsstil, abgerufen am 25. 6. 2020

5 Vogue Business, Maria Hunstig (5. 9. 2018): »Die inspirierenden Frauen der Vogue Business im Oktober«. https://www.vogue.de/lifestyle/artikel/vogue-business-oktober-2018, abgerufen am 25. 6. 2020

6 wienerzeitung.at, Julia Wagner (12. 1. 2018): »Das Thema Digitalisierung ist megasexy«. https://www.wienerzeitung.at/nachrichten/kultur/medien/940505_Das-Thema-Digitalisierung-ist-megasexy.html, abgerufen am 25. 6. 2020

KÖNNEN SIE FÜR ANDERE MÄNNER EIN VORBILD SEIN?

1 ZEIT Online, Johanna Schoener (8.6.2017): »Warum sollte ich mich verkleiden?«. https://www.zeit.de/2017/24/fraenzi-kuehne-aufsichtsrat-freenet-frauenquote, abgerufen am 21.6.2020

2 Coding Kids (4.8.2017): »Ich kann es kaum erwarten, mit meiner Tochter zu coden«. https://www.codingkids.de/anfangen/interview-fr%C3%A4nzi-k%C3%BChne-ich-kann-es-kaum-erwarten-mit-meiner-tochter-zu-coden, abgerufen am 21.6.2020

3 Deutschlandfunk.de, Jan Rähm (19.1.2019): »Allein unter Männern – Frauenmangel in der IT-Branche«. https://www.deutschlandfunk.de/allein-unter-maennern-frauenmangel-in-der-it-branche.724.de.html?dram:article_id=438786, abgerufen am 21.6.2020

4 AllBright Stiftung gGmbH (2017): »Ein ewiger Thomas-Kreislauf? Wie deutsche Börsenunternehmen ihre Vorstände rekrutieren« (S. 5). Berlin: AllBright Stiftung gGmbH

5 AllBright Stiftung gGmbH (2019): »Entwicklungsland. Deutsche Konzerne entdecken erst jetzt Frauen für die Führung« (S. 7). Berlin: AllBright Stiftung gGmbH

6 AllBright Stiftung gGmbH (2020): »Deutscher Sonderweg: Frauenanteil in DAX-Vorständen sinkt in der Krise« (S. 7). Berlin: AllBright Stiftung gGmbH

7 Neuen, Daniel (5.7.2019): »Willst Du uns ruinieren?«. PR Report Online. https://www.prreport.de/singlenews/uid-895993/willst-du-uns-ruinieren/, abgerufen am 21.6.2020

8 WirtschaftsWoche (25.4.2017): »Auch als Frau kann man in jungen Jahren sehr viel erreichen«. https://www.wiwo.de/politik/ausland/w20-auch-als-frau-kann-man-in-jungen-jahren-sehr-viel-erreichen/19714334.html, abgerufen am 21.6.2020

9 Kohaut, Susanne; Möller, Iris (2019): »Frauen in leitenden Positionen: Leider nichts Neues auf den Führungsetagen«. IAB-Kurzbericht, 23/2019 (S. 7). Nürnberg

WAS KÖNNEN SIE, WAS JUNGE FRAUEN NICHT KÖNNEN?

1 Fockenbrock, Dieter; Obmann, Claudia (22.12.2018): »Deutschlands jüngste Aufsichtsrätin: ›Warum sollte ich mir das nicht zutrauen?‹«. Handelsblatt Online. https://www.handelsblatt.

com/unternehmen/mittelstand/fraenzi-kuehne-deutschlands-juengste-aufsichtsraetin-warum-sollte-ich-mir-das-nicht-zutrauen/23778114.html, abgerufen am 2.7.2020

2 Amann, Susanne; Salden, Simone (22.4.2017): »Ich bin das lebende Anti-Klischee«. Spiegel Online. https://www.spiegel.de/spiegel/print/d-150652112.html, abgerufen am 2.7.2020

3 WirtschaftsWoche (25.4.2017): »Auch als Frau kann man in jungen Jahren sehr viel erreichen«. https://www.wiwo.de/politik/ausland/w20-auch-als-frau-kann-man-in-jungen-jahren-sehr-viel-erreichen/19714334.html, abgerufen am 21.6.2020

4 Holtkamp, Lars; Wiechmann, Elke; Buß, Monya (2017): »Genderranking deutscher Großstädte 2017«. https://www.boell.de/sites/default/files/demokratiereform-03_genderranking_-_baf.pdf?dimension1=ds_genderranking17, abgerufen am 2.7.2020

5 Statistisches Bundesamt (4.3.2020): »Arbeitszeiten 2018: Längste Arbeitszeiten in der Land- und Forstwirtschaft, kürzeste im Verarbeitenden Gewerbe«. https://www.destatis.de/DE/Presse/Pressemitteilungen/2020/03/PD20_071_133.html, abgerufen am 4.7.2020

6 Kohaut, Susanne; Möller, Iris (2019): »Frauen in leitenden Positionen: Leider nichts Neues auf den Führungsetagen«. IAB-Kurzbericht, 23/2019 (S. 2). Nürnberg

ES GIBT MÄNNER, DIE SAGEN, FRAUEN STÜNDEN SICH AM MEISTEN SELBST IM WEG. IST DA WAS DRAN?

1 PR Career Center (2016): »Fränzi Kühne, TLGG GmbH«. http://www.pr-career-center.com/karriere-tipps-publikationen/frauen-in-fuehrungspositionen/fraenzi-kuehne/, abgerufen am 4.7.2020

2 Eusterhus, Eva (8.3.2019): »Die Quote ist für mich eine Krücke, aber leider braucht es sie«. https://www.welt.de/regionales/hamburg/article190016291/Weltfrauentag-Deutschlands-juengste-Aufsichtsraetin-ist-fuer-Frauenquote.html, abgerufen am 4.7.2020

3 Dato, Simon; Nieken, Petra (2013): »Gender Differences in Competition and Sabotage, Annual Conference 2013 (Duesseldorf): Competition Policy and Regulation in a Global Economic Order«. Verein für Sozialpolitik/German Economic Association

4 Eusterhus, Eva (8.3.2019): »Die Quote ist für mich eine Krücke, aber leider braucht es sie«. https://www.welt.de/regionales/hamburg/article190016291/Weltfrauentag-Deutschlands-juengste-Aufsichtsraetin-ist-fuer-Frauenquote.html, abgerufen am 4.7.2020

5 Bundesministerium der Justiz und für Verbraucherschutz (25.3.2014): Pressemitteilung: »Bundesfrauenministerin Manuela Schwesig und Bundesjustizminister Heiko Maas stellen Leitlinien für ein Gesetzesvorhaben zur Förderung von Frauen in Führungspositionen vor«. https://www.bmjv.de/SharedDocs/Pressemitteilungen/DE/2014/03252014_Bundesfrauen ministerin_Manuela_Schwesig_und_Bundesjustizminister_Heiko_Maas_stellen_Leitlinien_fuer_ein_Gesetzesvorhaben_zur_Foerderung_von_Frauen_in_Fuehrungspositionen_vor.html, abgerufen am 5.9.2020

VERRATEN SIE UNS, WAS SIE IN IHREM KOFFER HABEN?

1 Hiesserich, Jan; Hofmann, Maximilian; Lämmle, Anna-Lena (2020): »Die Ausnahme, die Rabenmutter, die Kämpferin – Unbewusste Bias in der medialen Darstellung von Top-Managerinnen«. Hering Schuppener. https://www.heringschuppener.com/wp-content/uploads/2020/03/PDF_Mediale-Darstellung-von-Top-Managerinnen_HSC.pdf, abgerufen am 8.7.2020

2 ZEIT Online, Johanna Schoener (8.5.2017): »Warum sollte ich mich verkleiden?«. https://www.zeit.de/2017/24/fraenzi-kuehne-aufsichtsrat-freenet-frauenquote, abgerufen am 21.6.2020

3 Haas-Pilwat, Dagmar (2020): »Selbstbewusst und alternativlos«. VIVID Magazin. https://www.vivid-magazin.de/story/2019/selbstbewusst-und-alternativlos, abgerufen am 8.7.2020

4 Gronwald, Silke; Posche, Ulrike (2019): »Die Seherin«. Stern 01/2019 (S. 72–76)

5 Neuen, Daniel (2019): »Willst du uns ruinieren?«. PR Report 02/2019 (S. 18–23)

6 Treser, Tanja; Elflein, Christoph (9.3.2009): »Quan(d)tensprung einer Erbin«. FOCUS Online. https://www.focus.de/finanzen/news/portraet-quandtensprung-einer-erbin_aid_378158.html, abgerufen am 8.7.2020

7 Niejahr, Elisabeth (21.11.2019): »So zeichnet sich Jennifer

Morgans Führungsstil aus«. WirtschaftsWoche Online. https://
www.wiwo.de/my/erfolg/management/neue-sap-chefin-so-
zeichnet-sich-jennifer-morgans-fuehrungsstil-aus/25251358.
html?ticket=ST-16859806-jRXOxlXgbbDFmJMRqWOO-ap2,
abgerufen am 8.7.2020

8 Lünenborg, Margreth; Röser, Jutta (2010): »Spitzenfrauen im
Fokus der Medien«. IfKM – Institut für Kommunikationswissen-
schaft und Medienkultur. Leuphana Universität Lüneburg

9 Hiesserich, Jan; Hofmann, Maximilian; Lämmle, Anna-Lena
(2020): »Die Ausnahme, die Rabenmutter, die Kämpferin – Unbewusste Bias in der medialen Darstellung von Top-Managerinnen«. Hering Schuppener. https://www.heringschuppener.com/
wp-content/uploads/2020/03/PDF_Mediale-Darstellung-
von-Top-Managerinnen_HSC.pdf, abgerufen am 8.7.2020

10 Hiesserich, Jan; Hofmann, Maximilian; Lämmle, Anna-Lena
(2020): »Die Ausnahme, die Rabenmutter, die Kämpferin – Unbewusste Bias in der medialen Darstellung von Top-Managerinnen«. Hering Schuppener. https://www.heringschuppener.com/
wp-content/uploads/2020/03/PDF_Mediale-Darstellung-von-
Top-Managerinnen_HSC.pdf, abgerufen am 8.7.2020

11 Lünenborg, Margreth; Röser, Jutta (2010): »Spitzenfrauen im
Fokus der Medien«. IfKM – Institut für Kommunikationswissen-
schaft und Medienkultur. Leuphana Universität Lüneburg

WIE BRINGEN SIE FAMILIE UND KARRIERE UNTER EINEN HUT?

1 Detmers, Ulrike (2019): »Spitzenväter boomen!« Pressemitteilung zur 14. Verleihung »Mestemacher Preis Spitzenvater des
Jahres« 2019. https://stadtlandmama.de/wp-content/uploads/
2019/03/Langversion-Presseinformation_SdJ-2019.pdf, abgerufen am 13.7.2020

2 Rövekamp, Marie (2.8.2018): »Ich hatte nie das Gefühl, nur
die Quotenfrau zu sein«. Tagesspiegel Online. https://www.
tagesspiegel.de/gesellschaft/franzi-kuehnegruenderin-und-
aufsichtsraetin-ich-hatte-nie-das-gefuehl-nur-die-quotenfrau-
zu-sein/22860670-all.html, abgerufen am 13.7.2020

3 Hiesserich, Jan; Hofmann, Maximilian; Lämmle, Anna-Lena
(2020): »Die Ausnahme, die Rabenmutter, die Kämpferin – Unbewusste Bias in der medialen Darstellung von Top-Managerinnen«. Hering Schuppener. https://www.heringschuppener.com/

wp-content/uploads/2020/03/PDF_Mediale-Darstellung-von-Top-Managerinnen_HSC.pdf, abgerufen am 8.7.2020

4 Neuen, Daniel (5.7.2019): »Willst Du uns ruinieren?«. PR Report Online. https://www.prreport.de/singlenews/uid-895993/willst-du-uns-ruinieren/, abgerufen am 21.6.2020

5 Mestemacher-Gruppe (2019): »Mestemacher Preis Spitzenvater des Jahres«. https://www.mestemacher.de/gleichstellungs aktivitaeten/mestemacher-preis-spitzenvater-des-jahres-2/, abgerufen am 15.7.2020

6 Rennefanz, Sabine (12.2.2016): »Sigrid Nikutta: Warum die BVG-Chefin kein gutes Vorbild für Mütter ist«. Berliner Zeitung Online. https://www.berliner-zeitung.de/mensch-metropole/sigrid-nikutta-warum-die-bvg-chefin-kein-gutes-vorbild-fuer-muetter-ist-li.14029, abgerufen am 14.7.2020

7 DIW Berlin (2019): »Elterngeld und Elterngeld Plus: Gleich-mäßige Aufteilung zwischen Müttern und Vätern nach wie vor in weiter Ferne«. Pressemitteilung vom 28.8.2019. https://www.diw.de/de/diw_01.c.673478.de/elterngeld_und_elterngeld_p...wie_vor_in_weiter_ferne.html, abgerufen am 15.7.2020

8 Stadt Land Mama (2019): »Spitzenvater des Jahres 2019: Was Astronautin Insa Thiele-Eich zur umstrittenen Auszeichnung für ihren Mann sagt«. https://www.stadtlandmama.de/content/spitzenvater-des-jahres-2019-was-astronautin-insa-thiele-eich-zur-umstrittenen-auszeichnung-fuer-ihren-mann-sagt, abgerufen am 16.7.2020

9 Werner, Jana (29.3.2019): »Was wollen Frauen eigentlich noch?« Welt Online. https://www.welt.de/regionales/hamburg/article191060837/Parite-Gesetz-Was-wollen-Frauen-eigentlich-noch.html, abgerufen am 16.7.2020

10 Bünning, Mareike; Hipp, Lena; Münnes, Stefan (2020): »Er-werbsarbeit in Zeiten von Corona«. WZB Ergebnisbericht. https://www.econstor.eu/bitstream/10419/216101/1/Full-text-report-Buenning-et-al-Erwerbsarbeit-in-Zeiten-von-Corona-v1-20200415.pdf, abgerufen am 15.7.2020

11 Kälble, Florence-Anne (10.5.2020): »Arbeiten in Corona-Zeiten – Die Mehrfachbelastung der Mütter«. https://www.zdf.de/nachrichten/panorama/coronavirus-muttertag-home work-homeschooling-100.html, abgerufen am 15.7.2020

12 König, Jochen (22.6.2020): »Die meisten Väter sind unwillig, ihren Anteil zu leisten«. ZEIT Online. https://www.zeit.de/

arbeit/2020-06/vaeter-corona-kriseerziehung-familienpolitik, abgerufen am 13.7.2020

13 Institut für Demoskopie Allensbach (2019): »Veränderungen der gesellschaftlichen Rahmenbedingungen für die Familienpolitik«. https://www.ifd-allensbach.de/fileadmin/IfD/sonstige_pdfs/Rahmenbedingungen_Bericht.pdf, abgerufen am 15.4.2020

HABEN SIE DAS GEFÜHL, DASS SIE FÜR IHRE KARRIERE PERSÖNLICH VIEL OPFERN MUSSTEN?

1 Rövekamp, Marie (27.7.2018): »Ich wusste nicht, was eine GmbH ist«. Tagesspiegel Nr. 23543 (S. S1)

2 Hofmann, Madeleine (23.3.2018): Fränzi Kühne: »Aufsichtsräten fehlt eine gute Durchmischung«. Capital Online. https://www.capital.de/karriere/fraenzi-kuehne-aufsichtsraeten-fehlt-eine-gute-durchmischung?article_onepage=true, abgerufen am 18.7.2020

3 Fockenbrock, Dieter; Obmann, Claudia (22.12.2018): »Deutschlands jüngste Aufsichtsrätin: ›Warum sollte ich mir das nicht zutrauen?‹«. Handelsblatt Online. https://www.handelsblatt.com/unternehmen/mittelstand/fraenzi-kuehne-deutschlands-juengste-aufsichtsraetin-warum-sollte-ich-mir-das-nicht-zutrauen/23778114.html, abgerufen am 2.7.2020

4 Brinkhoff, Anissa (2018): »Fränzi Kühne: Was können wir von Ihnen lernen?«. Brigitte Academy. https://www.brigitte.de/academy/fraenzi-kuehne--was-koennen-wir-von-ihnen-lernen--11262180.html, abgerufen am 19.7.2020

5 Lebiszczak, Janina (2018): »Leite lieber ungewöhnlich«. The Red Bulletin Innovator 2/2018 (S. 34ff.)

HAT SICH DAS INTERVIEW FÜR SIE KOMISCH ANGEFÜHLT?

1 Hiesserich, Jan; Hofmann, Maximilian; Lämmle, Anna-Lena (2020): »Die Ausnahme, die Rabenmutter, die Kämpferin – Unbewusste Bias in der medialen Darstellung von Top-Managerinnen«. Hering Schuppener. https://www.heringschuppener.com/wp-content/uploads/2020/03/PDF_Mediale-Darstellung-von-Top-Managerinnen_HSC.pdf, abgerufen am 8.7.2020

1 AllBright Stiftung gGmbH (2019): »Entwicklungsland. Deutsche Konzerne entdecken erst jetzt Frauen für die Führung« (S. 7). Berlin: AllBright Stiftung gGmbH

2 Anger, Heike; Stratmann, Klaus (25.02.2020): Franziska Giffey: »Kein männliches Vorstandsmitglied wird entlassen«. Handelsblatt Online. https://www.handelsblatt.com/politik/deutsch land/geplante-frauenquote-franziska-giffey-kein-maenn liches-vorstandsmitglied-wird-entlassen/25577282.html, abgerufen am 20.7.2020

3 Maeck, Stefanie (16.4.2018): »Wie Größe und Stimme die Karriere pushen«. Spiegel Online. https://www.spiegel.de/karriere/karriere-wirtschaftspsychologe-erklaert-wie-erfolg-funktioniert-a-1201279.html, abgerufen am 20.7.2020

4 Kontio, Carina (23.09.2019): »Die Top-Etagen deutscher Konzerne bleiben eine Männerdomäne«. Handelsblatt Online. https://www.handelsblatt.com/unternehmen/beruf-und-buero/the_shift/allbright-bericht-die-top-etagen-deutscher-konzerne-bleiben-eine-maennerdomaene/25028358.html, abgerufen am 23.7.2020

5 Gerlach, Alexandra (6.3.2017): »Gleichberechtigung – ein Mythos«. Deutschlandfunk Online. https://www.deutschlandfunk.de/frauen-in-der-ddr-gleichberechtigung-ein-mythos.1310.de.html?dram:article_id=380443, abgerufen am 23.7.2020

6 Hiesserich, Jan; Hofmann, Maximilian; Lämmle, Anna-Lena (2020): »Die Ausnahme, die Rabenmutter, die Kämpferin – Unbewusste Bias in der medialen Darstellung von Top-Managerinnen«. Hering Schuppener. https://www.heringschuppener.com/wp-content/uploads/2020/03/PDF_Mediale-Darstellung-von-Top-Managerinnen_HSC.pdf, abgerufen am 8.7.2020

7 König, Jochen (22.6.2020): »Die meisten Väter sind unwillig, ihren Anteil zu leisten«. ZEIT Online. https://www.zeit.de/arbeit/2020-06/vaeter-corona-kriseerziehung-familienpolitik, abgerufen am 13.7.2020

8 DIW Berlin (2019): »Elterngeld und Elterngeld Plus: Gleichmäßige Aufteilung zwischen Müttern und Vätern nach wie vor in weiter Ferne«. Pressemitteilung vom 28.8.2019. https://www.diw.de/de/diw_01.c.673478.de/elterngeld_und_elterngeld_p... wie_vor_in_weiter_ferne.html, abgerufen am 15.7.2020

9 Statistisches Bundesamt (14.3.2017): »Drei Viertel des Gender